# Aruanda

## A Morada dos Orixás

Daniel Soares Filho

# Aruanda

## A Morada dos Orixás

© 2017, Editora Anúbis

**Revisão:**
Equipe Técnica Anúbis

**Projeto gráfico e capa:**
Edinei Gonçalves

**Imagem de capa:**
shutterstock.com/Nadezda Grapes

**Apoio cultural:**
Rádio Sensorial FM web
www.sensorialfm.com.br

Dados Internacionais de Catalogação na Publicação (CIP)
(Câmara Brasileira do Livro, SP, Brasil)

---

Soares Filho, Daniel
   Aruanda : a morada dos orixás / Daniel Soares Filho. --
1. ed. -- São Paulo : Anúbis, 2017.

   Bibliografia.
   ISBN 978-85-67855-49-3

   1. Espíritos 2. Mediunidade 3. Orixás 4. Umbanda (Culto)
I. Título.

17-07238                                              CDD-299.6

---

Índices para catálogo sistemático:
1. Orixás : Umbanda : Religiões de origem
africana     299.6

São Paulo/SP – República Federativa do Brasil
*Printed in Brazil* – Impresso no Brasil

Este livro segue as novas regras do Acordo Ortográfico da Língua Portuguesa.

Distribuição exclusiva
**Aquaroli Books**
Rua Curupá, 801 – Vila Formosa – São Paulo/SP
CEP 03355-010 – Tel.: (11) 2673-3599
atendimento@aquarolibooks.com.br

*Nos caminhos de Aruanda,*
*Os meus passos eu firmei.*
*Meu casuá é a Umbanda,*
*Nova vida que ganhei.*

(Pai Joaquim de Aruanda)

# SUMÁRIO

# Segunda Parte

# PREFÁCIO

*Quando eu morrer, vou passar
lá na Aruanda/Saravar Ogum,
saravar filho de Umbanda!*

Este ponto de Ogum sempre me emociona. Também sempre digo que, se possível, gostaria de ter esses versos inscritos em meu túmulo. O corpo se integrará à terra, o espírito quiçá possa adentrar em Aruanda, o túmulo com a inscrição será um pequeno lembrete alegre de que tudo é transitório e, portanto, cada momento deve ser vivido intensamente, na viagem eterna das existências.

Sem pretensões dogmáticas (ou não seria Umbanda), Daniel Soares Filho, neste livro, nos oferece a chave da porta da frente de Aruanda, suas origens míticas, sua etimologia, suas diversas representações espirituais e culturais, seus significados e suas inspirações (narrativas). Por se tratar de pátria espiritual, não ocupa, como nós o plano físico. Por estar no Plano Espiritual, Aruanda está, sobretudo, dentro de nós. Voltar para Aruanda, portanto, é voltar para casa.

*Na casa de meu Pai tem muitas moradas*, ensina o Mestre Jesus, com o qual é sincretizado Oxalá. Aruanda é uma delas. Seu mapa seguro é uma vida equilibrada, de aprendizados. Este livro certamente pode servir de guia, aumentando o desejo de aí estar, e não apenas após o desencarne, mas agora, vibracionalmente e em contato com nossos Guias e Guardiões, sob a regência de nossos Orixás.

A leitura atenta, com o corpo, a mente, o espírito/o coração permitirão aos leitores não apenas vislumbrar Aruanda, como numa foto ou num cartão postal, mas vivenciar e até mesmo rememorar situações, vidas passadas, desdobramentos e ensinamentos de Orixás, Guias e Guardiões nos terreiros de Umbanda com os pés descalços.

*Quando eu morrer, vou passar lá na Aruanda/ Saravar Ogum, saravar filho de Umbanda!* Com a graça de Zâmbi e a proteção dos Orixás, Guias e Guardiões, um dia (sem pressa, porém com forte desejo), meu irmão Daniel, meu irmão editor Marcelo, irmãos leitores, todos nós nos encontraremos numa linda festa em Aruanda.

Saravá Umbanda!

Abraço, gratidão e Axé!

Ademir Barbosa Júnior
(Pai Dermes de Xangô)
Umbandista e escritor

# OBJETIVOS DO PROJETO DE PUBLICAÇÃO

O texto que ora se apresenta, também com um cunho espiritualista, está direcionado, mormente, a um público leitor umbandista, uma vez que é o resultado de uma pesquisa realizada pelo autor, tanto através da literatura existente como por entrevistas junto a "entidades" dos Pretos Velhos sobre o conceito de Aruanda.

Ainda que seu conteúdo trate de um tema de Umbanda, o livro não se restringe aos adeptos da religião, uma vez que o texto, em uma linguagem clara e didática sobre "o local mágico onde se encontram as divindades e entidades da Umbanda", pode interessar aos que buscam informações sobre o assunto.

O objetivo da publicação do livro é o de, em um mesmo projeto, unir duas vertentes dos anseios do autor. Qual sejam: em primeiro lugar compartilhar os ensinamentos sobre um conceito tão importante dentro da Umbanda e que em alguns momentos carece de textos mais esclarecedores. E a segunda base é a de colaborar com a difusão de textos ligados à religião, que vem conquistando desde o final do século passado, um espaço maior junto ao mercado editorial, pesquisadores de temas ligados a religiões e leitores em geral.

De forma pessoal, o autor, inquieto e sempre ávido em conhecer tudo sobre as manifestações religiosas, nutria – e ainda alimenta – dúvidas e questões de compreensão a respeito de Aruanda. Sua curiosidade natural fez com que, ao longo de sua prática espiritual, perguntasse e quisesse saber sobre o que é este lugar de "onde vêm os Orixás e entidades".

É importante ressaltar, neste momento (e longe de qualquer imagem piegas ou de falsa modéstia), que o autor não está buscando notoriedade ou tem planos de "ganhar dinheiro" com a obra. Inclusive porque pretende, como em suas obras anteriores publicadas, reverter qualquer numerário que venha a receber para as obras sociais que ajuda.

A escolha da Editora tem como fundamento a leitura de textos publicados pela *Anúbis* que impressionaram o autor de Aruanda pela forma como estão escritos, a preocupação com a apresentação visual dos livros e a segurança com a qual os escritores tratam os temas. Respaldam tal escolha as conversas com o amigo e escritor Ademir Barbosa Júnior que tece as mais sinceras referências sobre a seriedade e o cuidado que a Anúbis tem para com o seu produto no mercado.

# INTRODUÇÃO

Um caro irmão da caminhada, quando comentei sobre o título deste livro, perguntou-me: "Por que não dizer 'histórias de caridade', uma vez que aprendemos que a religião prega o auxílio àqueles que vêm buscar socorro?"

A questão, desde muito cedo na minha jornada espiritual, sempre foi clara: não prestamos caridade e sim auxiliamo-nos. Tanto aquele que se disponibiliza como *médium*, como os que vão aos terreiros buscar ajuda. Muito provavelmente, o incômodo com a utilização do termo advém do meu envolvimento com as palavras por força da formação acadêmica em Letras e as décadas de trabalho com a língua. Mas o fato é que "caridade" soa aos meus ouvidos (e gostaria de dizer que tal explicação é absolutamente de cunho pessoal e que me perdoem os que não concordam com essa visão) como uma relação desigual, onde há aquele que doa – por estar em condição superior – e o outro que recebe – por ser mais "carente".

Exemplifico minha ressalva à palavra através de um ensinamento recebido da espiritualidade. Certa vez, um "amigo" que me acompanha desde tenra idade, disse-me sobre meu dever em reconhecer a abençoada missão do serviço espiritual. Naquela época, "trabalhava" em uma Casa de cunho espiritualista, onde os atendimentos não são feitos com os *médiuns* incorporados. O processo é feito por clarividência, clariaudiência e até, muitas vezes, por campo intuitivo. O estado de consciência do sensitivo é bastante presente.

Pois bem, naquele dia, após ter "atendido" mais de 8 pessoas, comentei com outros irmãos que estavam junto comigo que "aquele dia tinha sido cansativo". Quis me referir à questão do desgaste energético, devido ao esforço que temos que fazer para mantermos a concentração e evitar, ao máximo, a interferência do ego.

Imediatamente, "ouvi": "Você deve agradecer muito a toda espiritualidade o grande número de pessoas que foram atendidas hoje, pois se cada uma que se sentou na sua frente aprendeu algo e pôde sair melhor do que entrou, você tem que multiplicar pelo número de irmãos que aqui estiveram presentes os ensinamentos que recebeu para a sua própria vida."

Obviamente, entendi a mensagem e sempre levo em consideração as bênçãos divinas que o Plano Sutil me oferta a cada vez que me disponho a ser um Instrumento a serviço da espiritualidade.

Em outras palavras e respondendo à questão de não utilizar "caridade" no título deste livro, pergunto: "Quem faz caridade?" Nós? Ou somos os verdadeiros agraciados e recebedores das benesses?

Esclarecida a primeira parte, referente ao título do texto, vejamos como o livro foi pensado.

A parte inicial tem um cunho descritivo baseado em uma coleta de dados e informações a respeito do conceito de Aruanda. Longe da pretensão de ser uma definição doutrinária, os capítulos visam trazer para os leitores um pouco da trajetória do autor no que se refere às pesquisas e, porque não dizer, as suas curiosidades com relação ao tema.

A segunda parte tem por objetivo apresentar algumas histórias narradas pela espiritualidade e quem têm um caráter de ensinamento para a vida de todos os que, de uma forma ou de outra, buscam crescer como seres humanos e seres divinos, ou como dizem grandes Mestres da humanidade: a busca do Despertar Espiritual.

Antes de encerrar esta introdução, gostaria de reiterar que, de maneira alguma, intencionamos modificar, confrontar ou desdizer qualquer definição ou conceito que as pessoas tenham sobre Aruanda. O que nos cala na alma, a partir destas páginas, é tão somente a alegria de compartilhar um pouco das vivências e das experiências junto a este lindo e maravilhoso grande mundo entre os mundos que vemos, sentimos ou que ainda nem sonhamos que existam.

Muito axé, amados irmãos.

# PRIMEIRA PARTE

# CAPÍTULO 1

# ARUANDA

Luanda metamorfoseou-se em Aruanda, referência geográfica divinizada, uma extensão de Luanda – seu satélite. Aruanda, placa tectônica poderosa, anteriormente Luanda, parte da rocha mais ampla do continente africano, criativamente penetrou Brasil adentro. (McElroy, Isis[1])

---

1. *O reino de Aruanda: porto luso-angolano de escravos a reino mítico afro-brasileiro.* In: SCRIPTA, Belo Horizonte, v. 11, n 20, p. 127-135, 1º sem. 2007.

Aqueles que estão mais voltados para as questões da espiritualidade, num viés mais próximo das religiões que bebem (ou beberam) da África já ouviram falar sobre ARUANDA. Além, é claro, dos bons conhecedores da Música Popular Brasileira que têm em suas lembranças algumas canções onde este local é mencionado.

Alguns hão de se lembrar de vozes como a de Ronnie Von e seu "Cavaleiro de Aruanda" ou Geraldo Vandré cantando "Vai, vai, vai pra Aruanda. Vem, vem, vem de Luanda". Isto sem enumerarmos os diversos cantores que interpretaram pontos que ouvimos em muitos terreiros ainda hoje, tornando essa música de "curimba"[2] um pouco mais popular.

---

2. Curimba: Além de se referir a uma espécie de planta da flora brasileira (*Avicennia nitida*), é um instrumento de percussão muito utilizado nos terreiros das religiões afro-brasileiras como o Candomblé e a Umbanda, entre outras. Na Umbanda, costuma-se substituir a expressão "ritual religioso" por curimba (*Hoje, lá no terreiro, vai ter curimba*). É bom que se diga também que, dentro da hierarquia de um terreiro, os responsáveis por tocar os atabaques (os chamados ogãs ou curimbeiros) gozam de destaque por estar em sua atividade

Mas então, o que vem a ser Aruanda? Onde se localiza? Quem "mora" lá? Ou melhor, quem pode morar lá?

Não estamos fazendo a promessa de responder a cada uma destas questões de forma separada ou com um cunho acadêmico. O objetivo de iniciarmos a leitura deste texto tecendo comentários sobre Aruanda é prepará-los, caros leitores, para mergulharem, de coração aberto, nas histórias que nos serão contadas.

Alguns autores, místicos, espiritualistas e outras tantas categorias de homens já apresentaram suas mais diferentes propostas de definição (ou apresentação) do que significa Aruanda. Uns a partir de suas vivências de terreiro, onde perguntavam ou ouviam as entidades falando sobre esse local; outros, numa tentativa de certificar em aras do academicismo, buscaram trazer para o mundo

---

uma das mais importantes chaves para a manutenção da boa vibração na sessão.

das referências do palpável algo que supera a concretude das comprovações científicas.

Seja como for, é através do caminho dos comentários daquilo que entendo por Aruanda e o que lhe caracteriza que gostaria de começar nossa "conversa". E para que não incorra no erro de deixar de mencionar o nome de algum irmão que já tenha falado sobre Aruanda, optei por simplesmente fazer um apanhado geral (e, certamente, não esgotado) das possíveis interpretações do termo.

# 1.1 Duas pequenas digressões: Humanização e localização temporal do vocábulo

Para que possamos entender o que é Aruanda, nossos irmãos espirituais nos "traduzem" essa dimensão vibratória a partir das nossas noções de espaço/tempo terrenas, uma vez que "lá", estes limites não são como os que aqui conhecemos.

Para que fique ainda mais claro o estamos dizendo, Aruanda não é um "lugar" como concebemos no nosso plano físico. Não é uma cidade, um condomínio ou um parque como imaginamos ou idealizamos, a partir de nossos conhecimentos prévios. Mas, os mentores, sempre que tratam de nos informar sobre Aruanda, descrevem-na a partir de nossos referenciais mundanos. As imagens transmitidas dessa energia sutil são "humanizadas" para que possamos compreendê-las e, consequentemente, melhor nos conectarmos a elas.

Sem entrarmos na discussão da existência de ritos e sessões mediúnicas anteriores ao fato histórico do surgimento da Umbanda em 1908, anunciado pelo Caboclo das Sete Encruzilhadas, Aruanda é o local onde habitam os espíritos trabalhadores do bem e que prestam caridade aos que a eles acorrem em momentos de dores, dúvidas e sofrimentos.

Fazemos questão de registrar a observação factual acima para evitar comentários do tipo: "Mas antes de 1908 já se conhecia Aruanda".

Reiteramos que o foco principal do texto não é entrar em tensões interpretativas ou históricas. O mote de nossa publicação é transmitir as mensagens que, ao longo de alguns anos, foram-nos passadas com relação à Aruanda como um local sagrado de muito aprendizado e força espiritual.

Feitos estes dois pequenos apartes (necessários e oportunos), passemos às elucidações:

# 1.2 Outra elucidação: quem vem de Aruanda

Há uma gama de seres que estão reunidos em Aruanda e que, independente de questões menores de etnia, idade e credo – pois tais diferenças são motivos de muitas críticas, intolerâncias ou discórdias somente entre os encarnados providos ainda das necessidades dos egos – são espíritos que ainda têm uma ligação com o plano físico (mesmo que já desencarnados) e por isso, manifestam-se junto a sensitivos numa forma de auxiliarem os homens de diversas formas.

Aruanda é pois uma dimensão vibratória que permite aos que ali habitam auxiliarem tanto aos que ainda estão na terra "vivos"[3], quanto àqueles que, por alguns motivos que veremos mais adiante, mesmo já não tendo mais o invólucro físico, precisam de ajuda.

Tais guias espirituais se manifestam (em formas plasmadas e que são percebidas pelos sensitivos clarividentes) como Pretos Velhos, Caboclos, Crianças (os *Erês*), Marinheiros, baianos, etc. Convém destacar que estes espíritos que estão em Aruanda não foram necessariamente escravos no Brasil, índios ou silvícolas, nem mesmo pequenas criaturas que desencarnaram antes de chegarem à puberdade. Alguns, inclusive, nem tiveram,

---

3. Nós, espiritualistas, sabemos que o conceito de "vivo" transcende ao fato de estarmos na Terra com a máquina carnal em funcionamento (órgãos, células e os cinco sentidos). No texto está sendo utilizado somente para se contrapor a ideia de realidades diferentes: material, física, palpável / imaterial, espiritual, sutil.

necessariamente, essa roupagem em seus tempos de encarnados, mas assumem ditas caraterísticas por diversos motivos.

Algumas razões pelas quais eles assim escolhem se apresentar são grandes ensinamentos para todos os que buscamos crescer enquanto seres humanos. Ao optarem por se apresentarem com determinados arquétipos (ex-escravos que sofreram nas mãos dos brancos, índios que foram perseguidos, crianças que sofreram abuso e chegaram à morte, retirantes marginalizados, etc.) são exemplos de atitudes como a humildade e o não-rancor (sentimentos que tanto consomem os homens).

O fato é que todos os que "partem" de Aruanda em direção aos pedidos de auxílio, seja não planeta Terra ou em outro plano, têm sempre vibrando em suas "almas" o compromisso do amor e da caridade.

Para que se possa construir uma imagem, tomamos somente como referência - e não como ideia sinônima - que Aruanda se assemelha a um local no plano sutil como as colônias descritas no espiritismo, tais como no livro *Nosso Lar*, psicografado por Francisco Cândido Xavier (1910-2002). Certamente há algumas diferenças nas concepções, uma vez que em Aruanda existem elementos das culturas formadoras (ou inspiradoras) da religião da Umbanda. Neste local sagrado coabitam os mistérios da África, os símbolos do cristianismo, os conhecimentos indígenas, etc.

Agora que já demos uma primeira noção – ainda que bastante ampla – do que é Aruanda, o próximo capítulo tomará como apoio alguns relatos de entidades com as quais tive a ventura e a felicidade de conversar e que me presentearam com suas visões sobre "aquele mundo de lá" – que está mais perto do que imaginamos – como diz Pai Joaquim de Aruanda.

# 1.3 A possível origem do nome

Ao que tudo indica, a palavra Aruanda vem do nome da cidade africana Luanda – de onde partia um grande número de negros que eram capturados para serem enviados para o Brasil. O tempo passou e um local físico como o Porto de São Paulo da cidade angolana de Luanda foi se transformando, pouco a pouco, em uma idealização de retorno à vida nativa. Pela saudade e nostalgia da tão sonhada liberdade, só restava àqueles que foram retirados de sua terra nutrir a esperança de um dia voltarem ao mesmo porto que os viu tomarem outros rumos. Ao passo que para os negros escravos nascidos no continente americano e que pouco conheciam sobre os países de seus ancestrais, "a Luanda" (pela corruptela linguística ia se transformando em "Aluanda"/"Aruanda") era uma história, uma notícia contada de boca em boca. Viria a ser o refúgio, o local de redenção. Assim, na poeira da memória, o real e o imaginário iam se mesclando e, desta maneira, o sonho da liberdade, cada vez mais longe, só poderia chegar depois da morte. A alma seria livre quando, conduzida por seus deuses, encontrasse o paraíso: Aruanda.

Corria solto também, às portas das senzalas e terreirões, entre as noites das narrativas épicas e míticas contadas sobre suas divindades e forças da natureza, que ao encontrar a libertação, os negros gritavam a plenos pulmões, por socorro e como uma forma de saudação: "Aruanda ê, Aruanda á!" ("Aruandê", "Aruandá").

Com os objetivos de ilustrar e também nos proporcionar um hiato no texto informativo (assim esperamos tornar mais agradável a sua leitura), buscamos como exemplo do que até aqui expusemos, uma cantiga[4] ouvida em algumas rodas de

---

4. É possível encontrar em alguns sites a cantora Carolina Soares interpretando esta cantiga. Ainda sobre a letra, optamos pela versão ouvida em uma roda de capoeira onde, por questões de transmissão oral, podem apresentar algumas diferenças em relação a determinadas palavras.

capoeira que bem resumem alguns dos possíveis
fios da história de Aruanda.

*É na Aruanda aê*
*É na Aruanda*
*Venho de longe, terra dos meus ancestrais*
*Eu fui acorrentado pra lá não voltar mais*
*Numa casa de madeira, num tumbar*
*flutuante sobre o mar*
*Assim eu fui trazido ao Brasil pra*
*trabalhar*
*É na Aruanda*
*É na Aruanda aê*
*É na Aruanda*
*É na Aruanda aê*
*E na linguagem gege, congagola e nagô*
*Veio o povo bantuque que no Brasil*
*chegou*
*Com sua cultura, sua história, seu axé*
*Os mistérios dos ancestrais e a força do*
*candomblé*

Aruanda

*É na Aruanda*
*É na Aruanda aê*
*É na Aruanda*
*É na Aruanda aê*

# CAPÍTULO 2

# COM A PALAVRA OS ARUANDENSES

Em uma ocasião[5], conversando com uma Preta Velha que admiro muito (como se fosse difícil ou raro amar a todos os pretos velhos), eu, perguntador como só eu mesmo, comecei minhas inquirições dizendo que tinha muita curiosidade com relação aos "aruandenses". Vovó Tiana, com seu jeito sempre cativante, riu da palavra que eu

---

5. Opto, propositalmente, por não fazer relatos vinculados à cronologia lógica dos fatos e muito menos situar os acontecimentos por datas específicas.

falei. Tinha acabado de criar um adjetivo pátrio, usando e abusando da minha formação acadêmica como professor de língua portuguesa.

Daquele dia em diante, quando quero me referir a esses amados irmãos que se encontram em Aruanda, uso do neologismo que empreguei naquela "prosa".

Em outro momento, ainda levado pela minha natural curiosidade e vontade de muito aprender sobre a Umbanda, ao fazer minhas orações, como habitualmente faço à noite, conversava com Pai Joaquim de Aruanda – meu adorado "nego véio" com quem trabalho – sobre Aruanda e "ouvi" dele o seguinte[6]:

– Lá, exercitamos um dos princípios básicos da Umbanda que nos foi revelado pelo Caboclo das Sete Encruzilhadas quando fundou a religião:

---

6. Ainda usando do meu arbítrio, tentarei, na medida do possível, ao transcrever as ideias contidas em orientações e conversas com os guias espirituais não fazer com a linguagem empregada normalmente por eles. Só o farei, quando a transcrição literal tiver algum objetivo específico.

"Aprender com quem *sabe mais* e *ensinar a quem sabe menos*".

E completou para que eu pudesse entender o que dizia.

– As falanges que habitam Aruanda também recebem orientação dos espíritos ainda mais sutis. É isso mesmo! Nós também aprendemos lá. Em Aruanda, reunimo-nos, muitas vezes, para que possamos harmonicamente combinar o que faremos nas sessões espirituais para auxiliar da melhor forma possível aos irmãos. Ali, conversamos sobre determinados casos que acompanhamos e decidimos o que fazer, como fazer e, inclusive, para onde levar alguma carga vibratória com a qual estejamos trabalhando.

Aruanda é para nós, que ainda temos a missão de prestar caridade, um local de aprendizado e de oportunidade de exercitar o que nos é ensinado.

Em outra longa (e proveitosa) conversa com uma Preta Velha que admiro muito devido a sua sabedoria e forma de ensinar, ouvi sobre o conceito de Aruanda e pude ter confirmada muitas coisas que algumas pessoas já haviam me falado ou mesmo que eu já lera.

Sua explicação me pareceu tão singela e esclarecedora que pretendo abordar as imagens que Vovó Catarina d'Angola usou para falar sobre Aruanda quando for apresentar minhas conclusões sobre o que é Aruanda.

Também aconteceu no final de 2015, em uma gira de Preto Velho, já no finzinho da noite, a maioria das pessoas já tinha ido embora, estava conversando com uma Preta Velha que, sempre muito divertida, alegre e sincera, deu-me de presente uma experiência ímpar: Vó Zefa fez comigo um exercício que me conduziu, em um desdobramento astral, por uma parte de Aruanda. Nesta vida já tive muitos momentos lindos junto à espiritualidade. Afirmo, com certeza e amor, que este "passeio" se insere na lista de vivências espirituais marcantes que me foram dadas.

Em minha pesquisa também encontrei algumas informações que se contradiziam em relação ao que a maioria me falou. Houve outros, ainda, que pouco souberam traduzir em palavras o que era Aruanda. Mas o que de fato pude notar em todas as minhas andanças é que Aruanda é realmente um conceito peculiar e que pode variar de acordo com a percepção de cada ser de luz (encarnados e desencarnados) que a descreve.

Tal é a riqueza de Aruanda: um "local" que nos anima na busca de encontrá-lo e reflete o estado da espiritualidade de todos os que nos valemos dele para a prática da caridade.

Antes de encerrar este capítulo, creio oportuno relatar quais eram os meus objetivos nas conversas com os Pretos Velhos para que o leitor dimensione o conteúdo do material que captei e recolhi.

No meu rol de perguntas havia uma série de curiosidades e dúvidas que queria dirimir junto àquelas entidades com as quais conversei. Não sei precisar com quantas conversei, uma vez que de há muito tempo venho nessas inquirições. Sei também que muitas das minhas perguntas não foram respondidas, parcialmente ou em sua totalidade, mas, o que bem entendo é que ainda há muito por saber.

A metodologia que empreguei para as "entrevistas" resume-se em abordar de forma direta o tema. Sempre começava perguntando para o Preto Velho ou a Preta Velha o que era Aruanda.

E, a partir da primeira resposta, iam surgindo as demais curiosidades e inquirições. De uma forma resumida, o conteúdo dos meus questionamentos eram:

– Quem são os que vivem em Aruanda?

– Como estão distribuídos naquele local?

– Todas as entidades e Orixás vêm de Aruanda?

– E os Exus?

Assim, fui colhendo as informações que achava pertinente e interessante para elaborar o texto que se segue no capítulo 3 e apresentar os resultados deste trabalho que iniciei, desde meus primeiros contatos com a Umbanda.

# CAPÍTULO 3

# ARUANDA – ARUANDAS

Em alguns relatos lidos, tanto em livros como blogs e sites, vemos pontos de convergência e também, é claro, algumas diferenças (jamais divergências) entre o conceito de Aruanda. O fato é que – como já tive a oportunidade de dizer aqui – definir (ou descrever) Aruanda dependerá de percepções pessoais e das vivências junto à Umbanda que cada um tem.

Pelo que podemos notar, Aruanda (como uma "cidadela") é setorizada e não é dada a todos conhecê-la de forma plena. Nisto estão envolvidas as questões de merecimento, permissões, necessidades e experiências.

Não entrarei no mérito do número da população de "lá", como já li em algumas definições. O cerne deste texto é compartilhar com todos a visão que me foi dada do ambiente mágico e de aprendizado que nos conecta com o mundo da espiritualidade.

A primeira observação a registrar é a de que não podemos falar em uma única Aruanda. Numa visão mais ampla, está claro que Aruanda é um local em uma dimensão espiritual e, portanto, intangível a nossa compreensão através dos referenciais materiais. Entretanto, para uma concepção mais detalhada, aqueles que acompanham os trabalhos espirituais das entidades que "baixam" nos terreiros hão de concordar conosco que elas sempre fazem referência a diferentes "Aruandas" ao tratarem de algumas falanges ou mesmo quando falam sobre as Linhas da Umbanda, desde há muito.

Inclusive, mais a diante, buscaremos confirmar a assertiva acima – a de que há diferentes ambientes (vibrações) em Aruanda – analisando alguns pontos entoados nos diversos terreiros ou tendas de Umbanda.

Um adendo importante para que não fique a impressão de que estamos tratando de duas, três, quatro Aruandas é explicar que as análises separadas objetivam somente dar uma visão mais esquemática de um tema complexo, sem ser complicado.

Dito de outra maneira, devemos tomar os subcapítulos a seguir como uma abordagem sobre cada um dos aspectos da "Grande" Aruanda para que, ao final, após percorrermos suas idealizações, entendamos que todos se fundem – e são um só – em um harmonioso espaço mítico que emana as correntes benfazejas com as quais lidamos na nossa vida umbandista.

# 3.1 Aruanda, uma estrela

Com base na concepção descrita neste capítulo, tomemos como primeira referência a imagem, digamos que didática, que Vó Catarina usou quando da nossa conversa.

Aruanda é como uma estrela de 7 pontas[7] e em cada uma temos a "morada" de uma linha de trabalho.

Concebê-la como um heptagrama pode nos auxiliar na sua compreensão se tomarmos o número 7 como a síntese da simbologia mágica que se vê transcrita em diversas referências ao longo da história da humanidade em seus estudos místicos. Sete são as Linhas da Umbanda, sete foram os dias, no Cristianismo, ligados à criação do Mundo e com isso, consequentemente, os dias da semana, a percepção das sete cores no arco-íris, os sete

---

7. Cabe registrar que outras referências "desenham" Aruanda como uma estrela de cinco pontas. Reiteramos a singularidade das percepções. Respeitamos todas as definições, mas manteremos a que nos foi dada a conhecer nesta pesquisa.

degraus budistas da evolução, e tantos outros exemplos.

A partir da imagem de uma estrela com suas sete pontas, vamos nos referir aos diferentes espaços do local mítico (e místico) chamado Aruanda: "a Aruanda de Preto Velho", "a Aruanda de Caboclo" e demais campos.

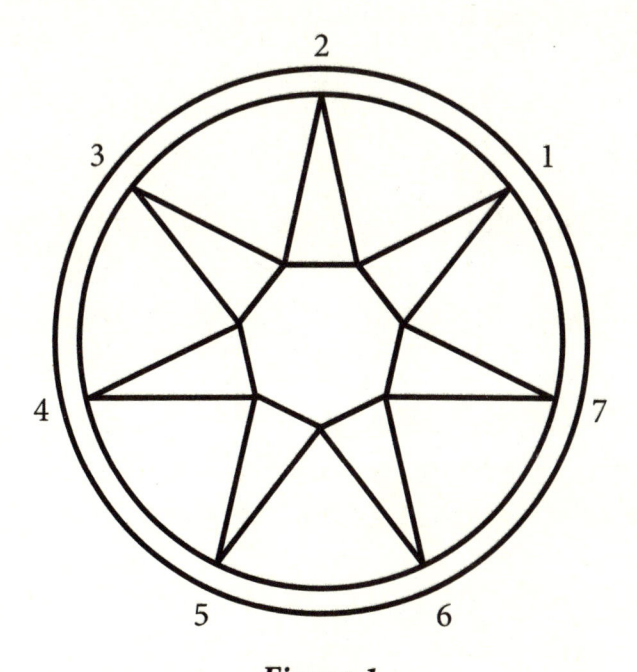

**Figura 1**

Cumpre ainda mencionar que no meio da estrela temos o heptágono formado pelas bases dos triângulos de cada ponta. Esse é o ponto de convergência onde ecoa "a voz do ensinamento" (o centro movimentador da energia sutil). Tal local é concebido como aquele que harmoniza todos os outros e de onde é possível receber as vibrações necessárias ao trabalho espiritual.

## 3.2 Morada dos Orixás

Antes de fazer referência a cada uma das pontas da estrela, há que se mencionar a "Aruanda, morada dos Orixás". Como me disse Vó Catarina d'Angola, Aruanda dos Orixás é conhecida como "Pedra Branca": dimensão sutilíssima para a compreensão humana, mas que é o vórtice da própria criação Divina de Pai Olorum[8].

---

8. Divino abstrato, eterno, onipotente, criador do mundo. "Orum" é o plano superior, Olorum é o Senhor desse plano. Senhor do infinito. Também chamado Olodumare.

O texto a seguir, a mim foi ditado, por um amado amigo da jornada espiritual que se apresenta como "Irmão Menor", e que, por inspiração me falou sobre a descrição dessa "morada":

*"Em Aruanda dos Orixás, correm, lado a lado, as águas doces e salgadas, alimentadas pelo fluxo da corrente que descende da cachoeira e de onde se ouve o tronar das pedras que retumbam. Ali, o vento traz o som divinal e a luz que resplandece em plenitude. Pedra Branca é a união perfeita de todas as cores que, em um bailado sereno, juntam-se e se refratam para dar vida aos demais planos."*

## 3.3 O septograma (as sete pontas)

Para os comentários desta parte do texto, contei, além das conversas com os Pretos Velhos, com a atenta colaboração e revisão de uma amada irmã, que é Mãe e Zeladora no Santo, e que se dedica tão lindamente a sua missão como médium. Meus sinceros agradecimentos aqui, e sei que por sua real humildade e fé, ela não gostaria de ser citada nominalmente, mas… (já pedindo desculpas) tenho que dizer obrigado Natália por dividir conosco os seus conhecimentos sobre nossa querida religião.

Inicialmente, podemos associar, no estudo do heptagrama original, o desenho bastante conhecido e tão envolvido em mistérios de análises místicas e ocultistas do "Homem vitruviano" do polímata italiano Leonardo da Vinci (1452-1519). Sua obra não só representa um símbolo da simetria básica do corpo humano, como também e, por extensão, do universo como um todo.

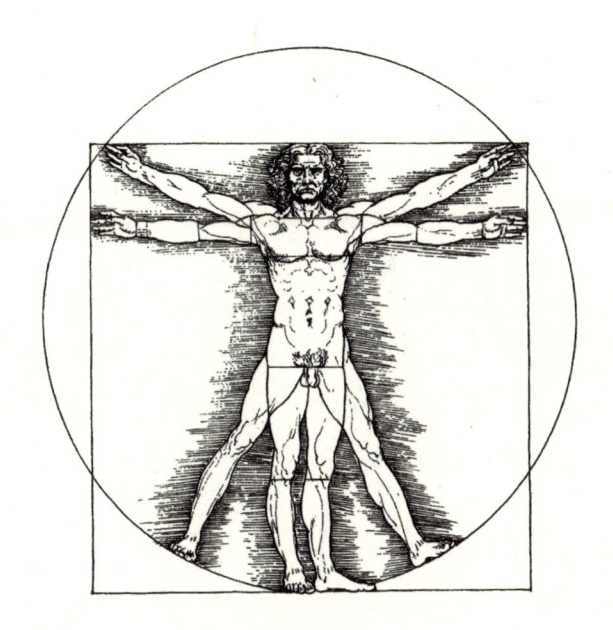

**Figura 2**

Se notarmos, o desenho de Da Vinci apresenta, na parte central, a figura do homem que ao fazer girar o círculo a sua volta gera a energia que movimenta o mundo. Assim também, o mesmo movimento de Aruanda alimenta os planos (principalmente o físico) que dele se beneficiam.

Em síntese, fundindo as duas imagens (nossa representação de Aruanda e o desenho de Da Vinci) teremos:

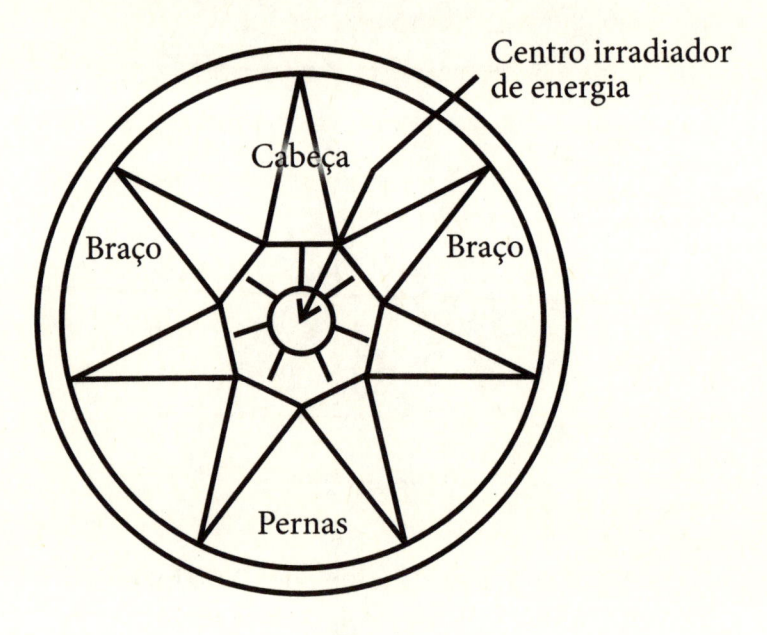

**Figura 3**

Nós, umbandistas, ao lidarmos com os planos físico, mental e espiritual, referimo-nos a tudo que foi criado, vive e se sustenta através da forma séptupla. Tomando isto como prática recorrente, não será difícil acompanhar nossa lógica sobre a Força que Aruanda nos emana por meio das entidades que nos auxiliam nos trabalhos na Terra.

Por esta razão, retomemos a gravura da estrela de 7 pontas para visualizar a potencialização dos elementos que nos cercam e que são utilizados na abertura dos portais mágicos quando as entidades atuam em favor dos homens.

Na Umbanda, a manipulação dos elementos envolve os 4 pilares básicos do mundo material (ar, terra, fogo e água) e a estes se associa o etéreo (sutil, não visível). Os "aruandenses", dependendo das questões que com as quais estão trabalhando, sabem como fazer uso dessas categorias para modificar uma situação ou até mesmo exterminá-la. Dessarte, é de se esperar, então, que o nosso mundo seja o reflexo dessa visão emanada por Aruanda.

Por este prisma, vejamos novamente a nossa "Estrela Aruanda":

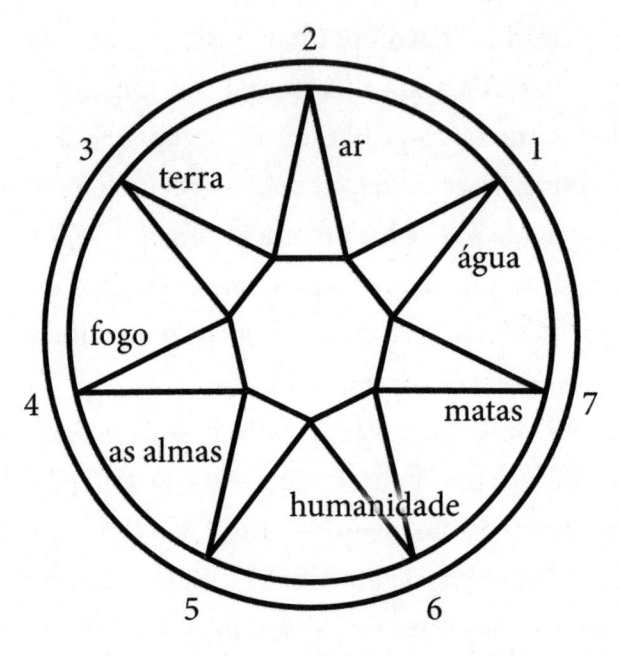

*Figura 4*

Julgamos importante, neste momento, retomar uma referência da história da Umbanda que dialoga de forma bastante convergente com o tema aqui explanado. Maria Toledo Palmer, fundadora em 1949 de "A Nova Lei Espírita: Jesus a Chave de Umbanda", apresentou como orientação recebida, em 1948, do plano o astral a seguinte definição:

*1. Céu*

*2. Terra*

*3. Água*

*4. Fogo*

*5. Mata*

*6. Mar*

*7. Alma*

Nas Sete Linhas trazidas ao nosso mundo material através da senhora Palmer podemos ver uma relação estreita com a configuração estrelar de Aruanda que nos apresentaram os Pretos Velhos, onde a diferença (se é que podemos dizer assim) está na Linha do Mar, que na nossa proposta dá lugar ao "portal" da Humanidade – que abordaremos mais a diante.

Havia, portanto, um ponto a ser esclarecido. A bem da verdade, era muito mais uma dúvida/curiosidade minha do que uma divergência. Desta forma, pela minha característica perguntadora, solicitei ao Pai Joaquim que, se fosse possível, ele me mostrasse a relação existente entre as duas "versões" que me foram dadas a conhecer.

Assim me foi contado:

*Como a linha do Mar, pertencente à Mãe Iemanjá, traz consigo a característica "geradora" (de onde emerge todo o sentido da vida), Aruanda tem como portal de contato com a humanidade este local. Esta matriz da geração é o elo entre o mundo espiritual e o material. E como na Estrela Aruanda há ainda uma de suas vertentes ligadas à água, não haveria nenhuma lacuna capaz de deixar a descoberta a vibração das falanges ligadas à Iemanjá.*

# 3.4 Cada uma das pontas da Estrela e as suas vibrações

Tomemos, neste momento, as questões sobre a distribuição das falanges na Estrela Aruanda. Mais uma vez, queremos reiterar que essas apresentações não pretendem o confronto com nenhuma outra definição e muito menos visa "derrubar" conceitos anteriores. Nosso texto quer, como salientamos na introdução, compartilhar mais uma experiência com os irmãos de fé, que, por ventura, como nós, também têm interesse em um assunto tão fascinante.

Até aqui, vimos de formas separadas as energias que estão contidas na forma estrelar que entendemos por Aruanda. Notamos a presença dos elementos de trabalho, os vetores de movimentação, o reflexo na humanidade e no plano físico.

Agora veremos, do mesmo modo "didático", como se encontram as falanges de trabalho em cada uma das pontas da Estrela.

Fazemos questão de comentar, antes de mais nada, que a proposta está baseada nas conversas que tivemos com os Pretos Velhos conforme disposto no capítulo 2 e que o esquema apresentado não é inflexível ou imutável. Sabemos que a "realidade" espiritual não tem os mesmos conceitos espaço/tempo que nosso mundo terreno tem. Dessa forma, o que aqui mostraremos é uma transcrição para os nossos referenciais humanos para que entendamos como a força e a vibração que vêm de Aruanda estão contidas na reunião dos trabalhadores de luz que desde lá nos enviam suas falanges benfazejas.

Não devemos interpretar o polígono estrelar como uma representação fixa das "moradas" das diferentes entidades de trabalho da Umbanda. Mesmo porque no mundo espiritual há uma dinâmica constante e um movimento gerador de energia que faz com que os lugares de cada falange não sejam estanques. Repetimos: a seguir, a demonstração é somente uma forma de visualizar a concepção sobre o que vem a ser Aruanda.

Parece-nos ideal que iniciemos nossa exposição a partir do desenho do septograma que por si só é bastante elucidativo.

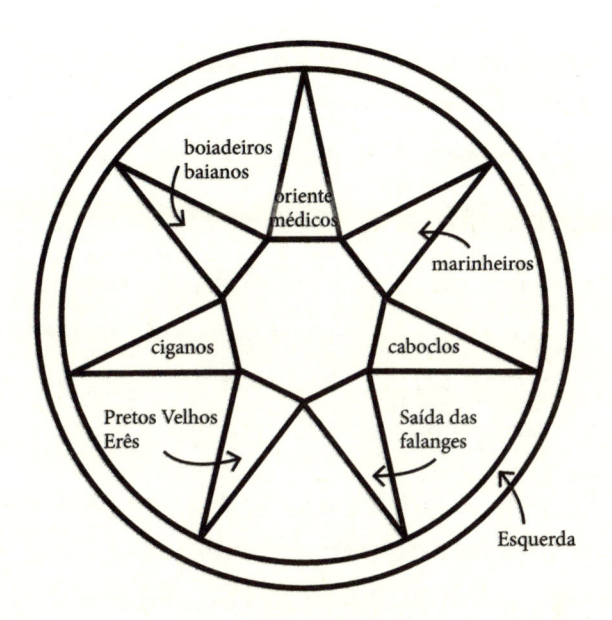

**Figura 5**

Algumas observações pertinentes sobre a figura:

Em uma associação entre os elementos (figura 4) e as linhas de trabalho (figura 5), destacamos:

- A parte destinada à *Humanidade* é a que selecionamos como o portal de abertura entre o mundo espiritual e o material.

Convencionamos chamar de "saída das falanges" justamente por ligar os homens às entidades de trabalho;

- Ao redor da Estrela vemos um círculo reservado à *Esquerda*. Uma espécie de "muro" de proteção para Aruanda e ao mesmo tempo, como uma "roda", o elemento gerador da energia que é utilizada a nosso favor.

- No espaço reservado aos *Pretos Velhos*, vemos a referência também às crianças. E assim me foi mostrado, quando da viagem astral proporcionada por Vó Zefa. Na clareira, à entrada do "quilombo" dos Pretos Velhos, brincando à beira do rio estavam os *Erês*.

- Algumas associações entre os elementos e as linhas de trabalho são mais nítidas, tais como: ligados à *água* estão os *Marinheiros;* os *Caboclos* à *mata* e os *Boiadeiros* à *terra*. Os *Orientais* e os *Médicos Espirituais*, por suas condições sutis de vibração, estão vinculados ao *ar;* bem como por sua natureza mais dinâmica e energética, os *ciganos* ao *fogo*.

# 3.5 Como atuam as linhas de trabalho

Após ter chegado a definição dos locais que cada linha de trabalho ocupa, surgiu o questionamento: Como cada uma delas, a partir de Aruanda, vem atuar na Terra?

A resposta que obtivemos foi:

*Tomemos como exemplo os Pretos Velhos e as Pretas Velhas. Sabemos que o nome que as entidades recebem (ou se apresentam) não é única e exclusivamente a denominação de um só espírito. Estamos falando de uma "falange" de trabalhadores*

*que atende por um mesmo nome. Daí
conhecermos diferentes Vovós Cambindas,
Pais Tomés, etc.*

Assim, quando um Preto Velho é invocado para o serviço espiritual, o que se está acionando é uma determinada falange que atende pelo nome daquele Preto Velho.

Um portal é aberto para que se estabeleçam as conexões entre o mundo espiritual e o material (na figura 5 chamamos de "saída das falanges"). Isto posto, e dessa maneira me falou Vó Catarina, as demais falanges permanecem reunidas, em oração, para que aquele que foi chamado à Terra receba apoio e sustentação para trabalhar.

No caso dos Pretos Velhos e Pretas Velhas, muito semelhante ao que reproduzimos em nossas Tendas, os outros espíritos (falanges) que ficam firmam suas vibrações no Cruzeiro das Almas lá de Aruanda. Sim... Em Aruanda também há um Cruzeiro das Almas.

Vó Zefa, inclusive, quando me possibilitou andar por Aruanda – mais especificamente na parte reservada aos Pretos Velhos –, mostrou-me o local e, dessarte, pude visualizar uma estrutura muito parecida ao que seria um quilombo, onde cada "toco" representava uma falange e bem próximo a eles se encontrava uma cruz branca erguida como ponto de força (o cruzeiro).

As demais linhas trabalham de modo bastante semelhante. Contudo, convém sempre lembrar, que nada do que dizemos pode ser encarado como estanque ou invariável. O que o texto relata é uma visão geral e simbólica de como "funciona" o mundo invisível aos olhos dos menos crédulos.

Durante o tempo de pesquisa, colhendo as informações que resultaram neste texto, e mesmo em minhas andanças na busca espiritual, tive muitas confirmações sobre a compreensão do conceito (e funcionamento) de Aruanda. Creio que as ratificações tinham por finalidade mostrar-me que o caminho do texto estava indo na direção certa. Um nítido exemplo encontraremos em um episódio que passo a compartilhar com todos.

Certa vez perguntei a um Preto Velho – Pai Antônio de Angola do Cruzeiro das Almas – como ele fazia para trabalhar através da incorporação em seu *médium* e ele, com sua voz pausada e firme, disse-me:

*– Filho, eu não trabalho só. Quando estou aqui, lá em Aruanda todos os meus irmãos estão orando por mim. Eu sozinho não sou nada. É a força de todos nós que faz o trabalho.*

# CAPÍTULO 4

# JUREMÁ E ARUANDA

*Estrela D'Alva é nossa guia,*
*Ilumina o mundo sem parar.*
*Ilumina a mata virgem,*
*Cidade de Jurema.*
*Vinde, vinde companheiros,*
*Ai de mim tão só.*
*Companheiros de Jurema,*
*Ai, de mim tem dó.*

*Umbanda,*
*Onde estão os seus caboclos... (bis)*

*Eles vêm de longe,*
*Do centro do Juremá.*
*Com seus saiotes de penas,*
*Na Umbanda saravá,*
*Umbanda.*

*Ecoou lá na mata da Jurema*
*Não muito longe, num pé de caneleira*
*Estou ouvindo o eco do infinito,*
*O que será?*
*É o ronco da pedreira,*
*Xangô, Kaô, meu pai*
*Me cubra com sua bandeira*

Fizemos questão de iniciar o capítulo com três pontos cantados em terreiros de Umbanda que vinculam a Jurema à nossa religião para que, rapidamente, possamos entender do que aqui se tratará, ou seja, estabelecer um diálogo entre diferentes práticas religiosas e apontar algumas convergências.

Muito provavelmente o capítulo poderia se encerrar em um único parágrafo ao afirmar que "Juremá é Aruanda". Mas não. Fiquemos tranquilos pois não deixaríamos as lacunas das interrogações começarem a saltar em suas mentes.

Os amigos leitores hão de concordar que diante da assertiva acima destacada seria possível surgirem perguntas tais como: Como assim? Se uma é a outra, porque têm nomes distintos? E se forem "lugares" diferentes?

Suspeitando que todos esses questionamentos (e muitos outros) pudessem surgir, é que achamos por bem conduzir nossa linha de raciocínio a partir da análise do quem vem a ser o Juremá e com isto poder ratificar o nosso postulado que afirma a paridade dos termos.

# 4.1 "A Jurema é a árvore sagrada. Okê, Orô"[9]

Descrever o universo do Juremá implicaria em escrever outro texto específico e muito mais detalhado.

Acreditamos que não é caso. Não pretendemos aprofundar a questão. Visamos tão somente a apresentar, em linhas gerais, o que é (o que envolve) o Juremá para que possamos resgatar a ideia central do capítulo que é demonstrar como ele se associa à Umbanda e, por conseguinte, à Aruanda.

Há diversas referências ligadas ao nome Jurema. Temos o seu registro como uma palavra oxítona ("Juremá"), bem como uma variação de gêneros ("a Jurema", "o Juremá"). Além disto, um leque de vocábulos e expressões que se associam a este eixo mágico ("juremeiros", "Mestres da Jurema", etc.).

---

9. Verso da canção "Oxossi", de Roque Ferreira.

Mas onde podemos encontrar as possíveis origens do culto de que se vale do termo avaliado em questão?

O Brasil, berço de muitas expressões religiosas, apresenta, principalmente no nordeste do país, uma prática mágico-religiosa denominada "Catimbó"[10].

Sua gênese se encontram na linha temporal de meados do século XVII, como resultado de um amálgama de rituais indígenas e católicos que, pouco a pouco, foram recebendo também influências das religiões africanas devido ao contato com os negros que foram trazidos para o Brasil como escravos.

No Catimbó, o local sagrado onde moram os seus "encantados" se chama Jurema (ou Juremá). E de onde deriva tal nome?

Devido à forte relação que essas práticas religiosas têm com a natureza (sabemos como os habitantes do continente, muito antes da chegada

---

10. Deriva da palavra Caatimbó (culto realizado na Caatinga).

dos europeus, já possuíam ritos e cultos valendo-se do respeito e da comunhão com o entorno natural), as entidades que se manifestavam (e se manifestam) nos terreiros de Catimbó – mormente os caboclos – tomam como referências uma árvore sagrada de nome "Jurema".

Ao que tudo indica, a palavra jurema deriva de dois radicais da língua tupi: "yu" (espinho) e "rema" (de mau odor). A árvore, muito comum no nordeste brasileiro, é utilizada em diversas práticas catimbozeiras, sejam com as suas folhas, suas raízes e, inclusive, sua casca.

Assim, tamanha a importância da Jurema no Catimbó que, conforme vimos até aqui, foi sendo empregado um grande número de vocábulos ligados a ela.

## 4.2 A magia das influências

Começam a se delinear para nós os motivos que nos levaram a afirmar no início do capítulo que Juremá e Aruanda se equivalem, pois os primeiros pontos tangenciáveis estão na reverência e no trabalho espiritual com as entidades chamadas de Caboclos (em ambos os cultos).

Em nossos terreiros de Umbanda, muitos pontos de Caboclos nos revelam que eles vêm do Juremá ou que o Juremá é a sua morada.

E se estamos descrevendo a colônia espiritual de Aruanda como a morada também dos Caboclos (entre outras entidades de luz), logo a relação começa a ficar mais clara, quase que nos permitindo dizer que Aruanda e Jurema são as mesmas coisas.

Entretanto, entendemos que o fenômeno não é tão simplista (e nem simplório) assim. O grande fator das aproximações conceituais está em um fenômeno bastante recorrente no Brasil que é o sincretismo. Desta forma, a partir de contatos entre as culturas é que novos conceitos e novas concepções surgem e a construção de seus valores passam a advir desses amálgamas.

A influência religiosa (e, porque não dizer, cultural também) não se deu somente entre os ventos da Europa (catolicismo) e da África. Aqui, em solo brasileiro, outras práticas religiosas também se encontraram e, por diversos motivos (repressão, preconceito, conveniências, perseguição e outros), absorveram conceitos e termos umas das outras.

Mestres do Catimbó invocam os seus caboclos das matas da Jurema enquanto Sacerdotes de Umbanda chamam ao trabalho os caboclos de Aruanda. E como muitas falanges se apresentam com o mesmo referencial nominal (vide nossa amada Cabocla Jurema), a compreensão da similitude entre as duas religiões não oferece resistência.

Eis a riqueza de nosso solo e de nossa gente. Eis a beleza da convivência e da arte colaborativa de religiões que se mantiveram sob a pressão do preconceito das instituições estabelecidas e que se julgavam superiores. Soubemos fazer uso da força que vem da natureza humana e sobre-humana e como consequência estabelecemos um franco diálogo irmanados nas crenças de que existe um mundo muito maior e mais poderoso que os olhos podem ver.

# CAPÍTULO 5

# ARUANDA FIRMA SEU PONTO

Conforme havíamos mencionado, a intenção deste capítulo é destacar alguns pontos cantados que a grande maioria de nós umbandistas conhece e que fazem referência à Aruanda. Há um número enorme dessas "preces cantadas" nos terreiros que trazem em sua mensagem a identificação de Aruanda como o elo entre o mundo material e a plêiade de Orixás e entidades que vêm em nosso auxílio nas giras e trabalhos espirituais.

Obviamente, não abarcaremos todos os pontos existentes que têm em seus versos a palavra Aruanda. Isto não seria possível. Reiteramos que o objetivo é mostrar como um dos mais significativos fundamentos de nossa religião já traz consigo a confirmação do que a nossa pesquisa está buscando provar; ou seja: de Aruanda vêm todos aqueles com quem lidamos na prática do bem em nossa Umbanda.

## 5.1 O Hino

Não há como iniciar a proposta de análises com outro texto que não seja sobre o próprio Hino da Umbanda. Assim sendo, antes de mais nada, será preciso apresentar um breve registro histórico de como tal hino fora escolhido para representar a religião.

No 2º Congresso de Umbanda, em junho de 1961, no estádio do Maracanãzinho, Rio de Janeiro, a música, composta pelo português José

Manuel Alves, foi apresentada e reconhecida como o Hino da Umbanda. Porém, sabe-se que mesmo antes desse evento público, o autor da canção já a havia mostrado para o Caboclo das Sete Encruzilhadas, que incorporava no médium Zélio Fernandino de Moraes, respeitado como o "fundador da Umbanda".

Conta-se que o mais interessante e bonito fato dessa história é que José Manuel havia procurado o Caboclo na busca da cura para a sua cegueira. Ainda que não sendo possível voltar a ver com os olhos do corpo (uma vez que lhe foi revelado que a cegueira era um resgate cármico), José Manuel sentiu-se tão agradecido por todas as bênçãos recebidas em seus encontros com a entidade que resolveu compor uma canção que deixasse clara que a verdadeira luz se enxerga com a alma (a Luz Divina).

No ano de 1976, na 1ª Convenção do CONDU – Conselho Nacional Deliberativo de Umbanda – o Hino foi oficializado e hoje é conhecido e cantado pelos quatro cantos do país.

Aqui apresentamos as duas primeiras estrofes do Hino para análise:

*Refletiu a luz divina,*
*Com todo seu esplendor.*
*Vem do reino de Oxalá*
*Onde há paz e amor.*

*Luz que refletiu na terra.*
*Luz que refletiu no mar.*
*Luz que veio de Aruanda*
*Para tudo iluminar.*

Em uma interpretação livre, podemos dizer que a primeira estrofe nos revela a origem da Luz Divina. De forma clara, os versos afirmam que ela vem do reino de Oxalá – a ideia contida na mitologia yorubá do surgimento do mundo ordenado por Olorum a Obatalá.

Ratificando a ideia sobre a revelação da gênese da Luz, a segunda estrofe atesta que é de Aruanda que ela vem.

Logo pois, se em uma assertiva a Luz Divina vem do Reino de Oxalá e na outra essa mesma Luz vem de Aruanda, concluímos que o referido Reino ("onde há paz e amor") é a própria Aruanda.

## 5.2 Pretos Velhos e Pretas Velhas

Uma das mais recorrentes referências à Aruanda nos pontos cantados se relaciona a esta falange. Não é difícil lembrarmos de um ponto de invocação (ou chamamento) de Preto Velho que contenha a imagem de Aruanda. Vejamos alguns dessas lindas preces:

Para Pai Joaquim:

*Firma ponto minha gente,*
*Preto velho vai chegar.*
*Ele vem de Aruanda.*
*Ele vem pra trabalhar.*

Para Vovó Catarina:

*A Preta Velha de Aruanda, Luz Divina,*
*Recebeu de Oxalá o nome de Catarina.*

Para Pai João:

*Pombinho de Zambi, Pombinho de*
*Obatalá*
*Pombinho de Zambi, Pombinho de*
*Obatalá*
*Vai meu pombo branco, pra senzala de*
*Aruanda*
*Vai buscar Pai João pra trabalhar*

## 5.3 Caboclos

Quando nos referimos à falange dos Cabo-clos, as imagens que, em um primeiro momento, avivam-se no imaginário dos praticantes das religiões que cultuamos essas entidades relacionam-se aos arquétipos dos primeiros habitantes do Brasil. As referências que temos do local de onde vêm as entidades dos caboclos e caboclas são as mesmas que descrevem o habitat dos índios brasileiros. São as matas, as ervas, as forças da natureza como um todo que compõem o cenário que os identifica.

Como é notório, sabemos que os Caboclos não são uma "exclusividade" da Umbanda, ainda que tenhamos a figura de um deles como o fundador da religião (o Caboclo das Sete Encruzilhadas). Esses irmãos de luz atuam também em outras crenças e doutrinas como o "Catimbó", por exemplo.

Isto posto, e antes de apresentarmos os pontos cantados para os Caboclos, devemos relembrar-lhes que no capítulo anterior tecemos comentários que associam Aruanda ao Juremá e assim ratificar a questão postulada da "brasilidade" das entidades que "baixam" nos terreiros sob a roupagem fluídica de indígenas ou mesmo mestiços com origens silvícolas.

Sabemos que alguns autores e estudiosos dos temas sobre as religiões afro-brasileiras divergem no que tange às origens ou mesmo ancestralidade dos "caboclos", desde os que afirmam serem representantes dos índios que viviam no Brasil antes da chegada dos brancos e negros, até questões mais complexas que relacionam as entidades, ainda que através de uma figura idealizada do índio brasileiro, como oriundos de uma lógica advinda da religiosidade africana.

Não nos aprofundaremos nessas discussões para que não percamos o foco do capítulo. Fizemos somente questão de abrir esses comentários para que, caso algum leitor se interesse pelo tema, possa empreender uma pesquisa bem interessante sobre esses guias espirituais.

Após este introito, passemos para os pontos cantados:

Para chamada dos Caboclos:

(1)  *Ouvi me pai assobiar,*
     *ele mandou chamar.*
     *Vem de Aruanda ê, vem de Aruanda á*
     *todos os caboclos de umbanda*
     *vem de Aruanda ê (bis)*

(2)  *Caboclo quando vem lá de Aruanda,*
*Oi, na Umbanda, ele pisa devagar.*
*Pisa Caboclo,*
*quero ver você pisar.*
*Olha, pisa caboclo,*
*Oi pisa lá*
*que eu piso cá.*

Para o Caboclo Pena Branca:

*Saravá seu Pena Branca*
*Saravá seu abacé*[11]
*Pega flecha e seu bodoque*
*Pra defender filhos de fé*
*Ele vem de Aruanda*
*Trabalhar neste Abaçá*[12]
*Saravá Seu Pena Branca*
*O guerreiro de Oxalá ...*

---

11. Do idioma fon, *agbasa* = sala, salão. Espaço do templo/tenda/terreiro de Umbanda destinado à dinâmica de seu funcionamento — atendimentos, cerimônias, etc.

12. Variação do termo Abacé.

## 5.4 Boiadeiros, Baianos, Sertanejos, Cangaceiros

Como acabamos de mencionar no apartado acima, há alguns estudos e discussões sobre os caboclos que especulam as suas origens até mesmo utilizando-se do imaginário do "herói" nacional – tantas vezes romantizados na literatura, principalmente do século XIX. O fato desses guias de luz se apresentarem como índios, chefes, pajés, guerreiros, etc. não deve ser o cerne de seus maiores valores. Mas, se quisermos tomar essa ideia dos verdadeiros brasileiros, nascidos aqui, muito provavelmente os espíritos de trabalho dos terreiros de umbanda que mais estão contidos na descrição do "homem da nossa terra" sejam os boiadeiros, baianos, sertanejos e cangaceiros.

Ligados ao campo vibratório dos caboclos, os boiadeiros representam os conhecedores da lida nos campos e da vida simples. Representam o protótipo de homens sofridos (como também o são os sertanejos), mas valorosos, que diante das dificuldades não se deixam esmorecer e levam a sua missão, apesar das agruras enfrentadas. Nos terreiros são aqueles que desfazem vibrações densas e "no embate sabem bem o combate" (como ouvi um boiadeiro dizer).

Há duas outras provas bastante convincentes de que essas falanges estão relacionadas aos caboclos: o fato de vermos que muitos dos seus pontos cantados invocam a Jurema (e todos o vocabulário ligado a ela: juremeiro, Juremá, etc.). Também, da mesma forma, vários outros pontos, explicitamente, citam os boiadeiros como sendo caboclos.

As demais entidades aqui sinalizadas já trazem consigo, pelos seus próprios nomes, as suas origens: os Baianos, por exemplo, pelo gentílico já dizem de onde vêm; os sertanejos e cangaceiros também já representam as suas identidades e tarefas na vida terrestre por suas denominações. De qualquer maneira, todos encarnam a autêntica mistura brasileira do que culturalmente chamamos de caboclos: a princípio o que define a mescla branco e índio (e nos bancos escolares nas aulas de geografia e história estudamos), mas que com o passar do tempo foi se tornando, a grosso modo, a identificação do homem da terra, o resultado do processo de miscigenação.

Vejamos alguns dos pontos onde Aruanda está presente:

Para os Boiadeiros:

(1)  *Pedrinha miudinha*
     *Na Aruanda ê*
     *Lajedo tão grande*
     *Tão grande na Aruanda ê ...*

(2)  *Cambono fecha o laço*
     *Que a boiada esta dormindo*
     *Aruanda esta chamando*
     *Boiadeiro esta subindo*

Para os Baianos:

*Se ele é baiano agora*
*Que eu quero ver*
*Dançar catira no azeite de dendê*
*Eu quero ver*
*Os baiano da Aruanda*
*Trabalhando na Umbanda*
*Pra quimbanda não vencer*
*Eu quero ver*
*Os baianos da Aruanda*

## 5.5 Os Erês / Ibejada

Não é nosso objetivo entrar nas discussões de diferenciar os termos "Ibejadas" e "Erês". Tomemos somente as características gerais destes espíritos, ditos infantis, e que são, em sua grande maioria, "encantados" que trazem consigo a alegria e a sinceridade peculiares às crianças.

Também elas estão reunidas em Aruanda e como vimos, anteriormente, estão à entrada da parte da Estrela onde se encontram os Pretos Velhos.

Eis os exemplos de alguns de seus pontos cantados:

(1)  *Quando a Lua brilha no Céu, clareia a Umbanda*
      *Clareia Ibejada que vem, lá de Aruanda*

(2)  *Ibejada já vai embora, Aruanda está lhe chamando.*
      *Ibejada já vai embora, Aruanda está lhe chamando.*

(3)  *Crianças quando vem lá de Aruanda,*
      *Iansã é quem manda.*
      *Crianças quando vem lá de Aruanda,*
      *Iansã é quem manda.*
      *Elas vêm gritando*
      *auê auê*

*ao romper da aurora.*
*Elas vêm gritando*
*auê auê*
*ao romper da aurora.*

# 5.6 Ciganos e Povo do Oriente

A escolha de colocarmos as duas linhas de trabalho juntas aqui não é para que se entenda que são a mesma coisa. Longe disso. O que nos levou a optar pela apresentação no mesmo subcapítulo foram dois quesitos. O primeiro por se tratarem de entidades das quais ainda se fala pouco e também porque possuem um laço de proximidade por localização muito grande. Não nos esqueçamos de que há indícios de que os ciganos têm suas origens na Índia, apesar de serem um povo de características nômade.

Para os Ciganos:

(1)   *Sabiá cantou lá no fundo das matas,*
*Aruanda chegou, enfeitada de prata*
*Mandei buscar na Aruanda*
*Povo Cigano pra trabalhar*
*Vem, vem, vem ô Cigano*
*Vem pra trabalhar*

(2)   *Cigana, que vem do oriente.*
*Cigana, quem vem de Aruanda.*
*Cigana, que vem a bailar.*
*És linda com força dourada.*
*Que amor, em sentada, ela vem*
*trabalhar.*
*És linda com força dourada.*
*Na paz de Aruanda, ela tem o bailar.*
*Na paz de Aruanda, ela tem o bailar.*
*Na paz de Aruanda, ela tem o bailar.*

Para o Povo do Oriente:

*São João Batista vem, vem,*
*vem minha gente*
*Vem chegando de Aruanda*
*Salve o povo cor de rosa*
*Salve os filhos de Umbanda*

# 5.7 Os Orixás

Já apresentamos nosso ponto de vista sobre o tema no capítulo 3, mais especificamente em 3.2. Nesta parte do texto, selecionaremos apenas alguns pontos cantados onde as referências são claras com relação ao binômio Orixás/Aruanda.

Para Iansã:

*Eparrei de Aruanda*[13]
*A nossa Mãe é Iansã... (2x)*

*Oh gira, deixa gira girar... (2x)*

Para Ogum:

(1)  *Se meu Pai é Ogum*
*Vencedor de demanda*
*Ele vem de Aruanda*[14]
*Pra salvar filhos de Umbanda*

(2)  *Ogum já venceu,*
*já venceu, já venceu.*
*Ogum vem de Aruanda*
*e quem lhe manda é Deus*

---

13. Em alguns terreiros, o primeiro verso deste ponto é cantado como "Meu Pai vem de Aruanda".

14. Em alguns terreiros este verso apresenta uma variação: "Quando chega no reino"

Para Oxóssi:

*Quem é o cavaleiro*
*que vem lá de Aruanda?*
*É Oxóssi em seu cavalo,*
*com seu chapéu de banda.*

Para Xangô:

*Ele vem de Aruanda*
*Ele vem trabalhar*
*Ele vence demanda*
*Ele é seu Pangará*
*Kaô, kaô, kaô, kaô*
*A justiça chegou, Xangô*

Para Oxum:

*Meu pai me diga quem é,*
*Quem é que vem de Aruanda.*
*É mamãe Oxum, das cachoeiras*
*Meu pai me diga quem é,*
*Quem é que vem de Aruanda.*
*É mamãe Oxum na lei de Umbanda*

# 5.8 A Esquerda

De acordo com a nossa interpretação já esplanada, também a Esquerda está em Aruanda. Se retomarmos a figura da Estrela, veremos que o seu campo de atuação está no entorno do local, em uma espécie de muralha, onde o movimento da Esquerda confere proteção, energia e limpeza. Aqui estão alguns pontos onde aparece Aruanda.

(1) *A linha virou, virou na Aruanda*
    *Acorda, meu filho, ele é da quimbanda.*

(2)  *Exu Tiriri Lanã,*
*Lanã, cadê o Tiriri,*
*mas ele veio de Aruanda,*
*pra salvar filhos de Umbanda,*
*Exu Tiriri Lanã. (bis)*

# SEGUNDA PARTE

Agradeço a Nosso Pai Supremo, a oportunidade a mim concedida de "nesta" vida poder conviver com Pai Joaquim de Aruanda. Estou certo de que muito mais do que todos aqueles que me trazem seus relatos de terem sido ajudados por ele, eu sou o mais agraciado. Não há dúvidas.

Durante todos estes anos, tenho recebido inúmeras orientações e ensinamentos do "nego véio" (como ele mesmo se refere a sua pessoa) e tento colocar em prática. Nem sempre é fácil por minha falibilidade humana. Mas estejam certos de que os "puxões de orelha" que ele me dá, apesar de sempre envolvidos em muito amor, são severos.

Em uma daquelas "conversas ao pé do ouvido", Pai Joaquim me revelou que lá em Aruanda há doutrina para os espíritos que vêm trabalhar com os homens na Terra.

Pai Joaquim contou-me como se desenvolvem as "aulas" naquele local mágico e de paz e quero compartilhar aqui com todos.

Um círculo de "tocos" estava disposto dentro da floresta de Aruanda. Ali, Os Pretos Velhos, posicionados cada um em seu lugar, ouviam as histórias que lhes eram contadas com o objetivo de municiá-los com ensinamentos para transmitirem aos que a eles viessem a acorrer nos terreiros de Umbanda.

Aqui, queremos deixar registradas quatro histórias-modelos que têm como objetivo servirem de reflexão para nossas atitudes, pensamos e palavras.

Como informação dos critérios de seleção destas histórias, gostaríamos de dizer que cada uma será a representação de um dos elementos que compõe a parte material do planeta (água, terra, ar e fogo).

Espero que desfrutem dos textos e levem para as suas realidades aquilo que depreenderem dos contos que se seguem:

# CAPÍTULO 1

# A ÚLTIMA CHUVA

Água é vida e a vida nos é ofertada como oportunidade pelo Plano Superior para a nossa evolução. Este é o motivo de nosso primeiro relato trazer como base as águas que veem dos céus, como prova do amor de Olorum por toda a criação.

Sentados em uma clareira, estavam o Mestre e o seu discípulo. A conversa girava em torno da derradeira prova a ser vivida a fim de liberar o "aluno" para seguir os próprios passos e ganhar a chance de se aproximar de um novo ser que voltaria ao planeta Terra para a sua jornada evolutiva.

(MESTRE) – Eis que é chegada a hora de sua última prova. Após todo este tempo ouvindo-me e aprendendo sobre a vida em sua forma mais ampla, dou-lhe a chance de receber o galardão que lhe conferirá o fiel depositário do Criador para que siga a sua jornada junto a um irmão que encarnará na Terra.

Sua tarefa é muito simples. Ouça-me.

Sabemos que a água é um elemento divino purificador. Dela brota a vida. Portanto, quero ver como você faz uso dela. Assim que se inicie o ano terráqueo (que acompanhamos daqui), você tomará o primeiro banho de chuva que caia sobre a Terra, na localidade onde o seu "pupilo" encarnará, para lavar sua alma e purificá-la como um ritual que se inicia. Lavar-se-á por completo, todos os seus corpos e os deixará em equilíbrio total e completo.

Cumprido este passo, esperará a última chuva deste mesmo ano para se limpar novamente e assim renovar a sua condição de aprendiz para Mestre.

Ouvindo atentamente tudo que lhe foi dito, o discípulo partiu para a realidade sutil mais próxima possível do plano material a espera de começar a realizar a sua tarefa.

Logo nos primeiros dias do ano terráqueo, o planeta foi agraciado com as chuvas do céu. Imediatamente, aquele espírito que fora preparado por tanto tempo para se tornar mais uma luz a guiar os homens, concentrou-se naquele fenômeno físico resultante da precipitação do vapor de água que se condensa nas nuvens e cai sobre a terra, lavando-se completamente.

Talvez não tivessem passados nem dois meses do tempo humano, e outra chuva veio a regar a crosta terrestre onde o jovem aprendiz cumpriria a sua divina missão. Como estávamos ainda muito no começo daquele ano, o discípulo pensou: "Ainda é cedo para que eu torne a tomar outro banho de chuva. Falta muito tempo ainda para que este ano acabe."

Como a lógica divina não tem que estar necessariamente atrelada às limitações das noções tempo e espaço, naquele ano, por incrível que pareça (e com determinado propósito), não caiu nenhuma outra gota de chuva na região.

Acabado o período da prova, novo encontro entre o Mestre e o discípulo se deu.

Cabisbaixo, buscando as palavras, a inexperiente alma diz:

– Esperei que viesse a última chuva do ano, conforme o senhor me orientou e ela não veio. Este foi um ano de muita estiagem e não pude limpar-me como era para ser feito. E agora?

Paciente e pausadamente, o "professor" no desempenho de seu ofício, que é sempre mostrar a verdade e o caminho, fala ao "menino":

– Por que, no segundo mês do ano, quando novamente havia chovido, você não tomou o último banho como eu lhe disse que fizesse?

– Como eu poderia saber que não choveria mais? Estávamos muito no começo do ano! Esperei, mas a chuva não veio.

Foi então que mais uma vez, o Mestre lhe passou um sábio ensinamento:

– A verdadeira alma madura está atenta incessantemente. Não se desvia a atenção e não deixa que repouse no acaso (que não é dado a conhecer) a sorte das suas ações. Você falhou pelo julgamento das aparências e nas hipóteses que transcendem as regras. Não lhe fora dada a capacidade de saber quando viriam as chuvas e, portanto, era seu dever estar atento desde o primeiro dia até o último. Sem expectativas e sem conclusões precipitadas.

Mas, nosso objetivo aqui não é outro se não dar-lhe condições de melhor cumprir com sua missão de estar ao lado daquele que será o seu "guiado". Assim, sendo, uma nova oportunidade lhe será concedida. Volte, novamente, para próximo do plano físico e repita a orientação que lhe dei. O primeiro e o último banho de chuva do ano.

Num misto de alívio e alegria pela chance, o aprendiz "desce" à localidade exerceria o trabalho de orientação e amparo da alma que reencarnaria, e recomeça a prova.

Como antes, logo assim que as primeiras gotas de chuvas abençoaram a terra, ele mergulhou (mentalmente) naquela cortina de água e sentiu fluírem em seu corpo a energia e a força divina.

Logo que a escuridão da noite deu lugar ao novo dia, armou-se uma tempestade que despencou do céu.

Sem pestanejar, o jovem lançou-se na chuva com o objetivo de limpar-se por completo para finalizar o seu exercício.

Durante aquele novo ano, por diversas vezes choveu. Muito diferente do período de seca anterior, parece que abriram as comportas dos reservatórios celestiais.

Dia a dia, o candidato a orientador se deixava encharcar no campo mental, como uma criança que brinca inocentemente em dia de chuva. Foram muitos banhos de chuva até o último dia quando, após romper o novo ano, o jovem vai em busca do seu preceptor.

– Acredito que, desta vez, cumpri com minha tarefa.

– Só podemos outorga-lhe esse "diploma" finalizado se você me disser o que aprendeu com esta lição.

Contrito e muito seguro de si, e já com um contorno áurico mais intenso e fluídico, o espírito aprendiz revelou:

– Para poder ensinar, há que se saber aprender e, para tanto, não devemos deixar simplesmente nas mãos das possibilidades a nossa experiência, pois o mundo (o grande mundo onde toda as existências coabitam) é regido por uma Força Maior que a nossa consciência não é capaz de dimensionar. Uma mente alerta é uma mente sábia, pois confia no Propósito Divino e está sempre pronta a agir segundo os Seus desígnios.

Enquanto acabava de proferir suas últimas palavras, um faixo de luz cobre o seu Mestre que desaparece e ao retornar a visão que foi ofuscada por tamanha claridade, o aprendiz percebe que está em um quarto ainda na penumbra onde acabou de ser concebido o seu pupilo.

# CAPÍTULO 2

# À SOMBRA DA ÁRVORE

Após representarmos a água, chega o momento de abrirmos espaço para a Mãe Terra, que fecunda, alimenta e sustenta a Criação.

A terra é o chão onde pisamos, nosso chão constrói o caminho e os caminhos vão guardados por aqueles que nos guiam. Saudamos, no início deste episódio que tem como base o elemento terra, nossos amados orixás Ogum e Oxóssi.

O grande sábio é aquele que conhece a humildade e reconhece o valor de seus Mestres.

O verdadeiro homem (na mais pura acepção da palavra) é o que ao aprender jamais se deixa levar pela vaidade e nunca cogita superar os seus mentores.

Mas a que preço, às vezes, esses aprendizados chegam? Eis um exemplo.

Depois de muito tempo junto a seu preceptor, o jovem asceta recebeu a boa notícia de que poderia seguir o seu próprio caminho e fazer bom uso de tudo que aprendera durante sua formação.

E assim, lá se vai o mais novo "formado" na escola da filosofia de vida!

Durante sua jornada, pôde perceber o valor do controle da mente e o que isso é capaz de lhe proporcionar em termos evolução. Um belo dia, ia caminhando por uma estrada rodeada de verde por todos os lados, o calor era intenso e o ar abafado demais. Aprendera com seu Instrutor que caminhadas longas são excelentes para exercitar o domínio dos pensamentos e que cada passo deveria ser acompanhado de um mantra que lhe mantivesse a mente em uma única direção. Lá ia o moço, com sua bolsa de couro a tiracolo, quando decidiu parar para descansar à sombra de uma frondosa mangueira.

Sentado no chão, agradecia ao Criador por aquele momento e reconhecia, com júbilo, a beleza da vida. Por mais que fosse um aplicado aluno e por mais que tivesse tido muito êxito no seu período de formação, o homem debaixo daquela árvore sabia-se de carne e osso e, portanto, sentia fome e sede.

Movido pelas necessidades do corpo, o jovem asceta olhando para cima, não só admirava uma linda manga rosada e madura como a desejou com todas as suas forças. Passou pela sua mente o gosto intenso do fruto. Sua vontade era tanta que imediatamente desprenderam-se dos galhos algumas mangas que, pela velocidade que adquiriram na queda (como se tivessem sido arrancadas com avidez), atingiram em cheio a cabeça do rapaz. Tamanha foi a força do golpe que ele chegou a perder momentaneamente os sentidos.

Sem muito saber quanto tempo esteve desacordado, voltou a si. A visão ainda turva percebia um vulto sobre seu corpo. Lentamente ia se acostumando com a claridade do entorno, até notar que a sombra que via era seu Mestre que estava de pé esperando que ele voltasse do desmaio.

Aturdido e espantado, exclama: "O senhor aqui?"

– Sim, meu nobre menino! Estava esperando que pudesse voltar do seu desfalecimento.

– Não sei o que houve. Não consigo compreender. Só me lembro de estar debaixo desta árvore para descansar um pouco. Não sei se alguém me atacou, não sei o que houve.

Prontamente, o Mestre, com um sorrido no rosto, como quem deixa transparecer a ideia de que estaria falando com um tolo, trouxe-lhe a explicação:

– Você fora realmente golpeado.

– Eu sabia. Não lhe disse? Só poderia ser!

– Calma, mantenha a calma, pois ainda não lhe revelei o nome do seu agressor. Lembre-se de que, na vida, estamos em eterno aprendizado. Não é porque eu lhe concedi o término do seu período junto a mim que você deixou de ter a responsabilidade de estar atento. Como, um dia, você poderá se tornar mestre de outros se não se mantém em total atenção a si mesmo?

– Não estou entendendo? Onde falhei? Estava somente descansando do calor abrasador que está fazendo.

– Reitero o meu pedido de calma. A ansiedade não nos leva mais longe do que o nosso cansaço pode trazer. Você, teve a experiência de tanto tempo junto comigo, estudando e vivenciando as práticas do controle da mente e da positividade diante das ações e do mundo, caiu na maior das armadilhas que um homem pode cair.

Não me refiro a um homem que, seja pelo motivo que fosse, tivesse vindo pelas suas costas e golpeado a sua cabeça para lhe derrubar. Não, meu jovem. Não! O seu algoz não foi outro diferente de você mesmo. Ao perceber a sensação de fome, deixou-se levar pelo desejo intenso da fruta que estava no pé. O resultado foi o caminho traçado entre o seu pensamento e a força da natureza.

Assim que você desejou a fruta, não percebeu o descontrole e elas começaram a cair sobre você. Em outras palavras, você mesmo "se acertou".

Um misto de vergonha e susto o evolvia enquanto ouvia o que o Mestre lhe dizia e foi percebendo aquela lição. O descontrole do desejo pode ser uma poderosa e mortal arma contra o próprio homem. Estar atento a si mesmo e tudo que alimenta através dos desejos e paixões do mundo pode ser a pedra (no caso foi a manga) que atinge a cabeça do próprio fabricante dos pensamentos.

Muito contrito e feliz por mais aquele ensinamento, o jovem se levantou, limpou a poeira do corpo e se pôs a andar.

Já havia caminhado uns 50 metros, quando ouviu o seu velho Mestre lhe chamando. Voltou-se para trás e o viu com uma das frutas na mão e com um leve sorriso no rosto, disse-lhe:

– Já que elas caíram, por que não comê-las? Deixá-las de lado não as fará retornar ao pé.

E assim, num clima ameno e descontraído, saíram os dois saboreando as suas mangas.

# CAPÍTULO 3

# O PODER DO VOO

Passamos pelos elementos água e terra. Nosso próximo aprendizado terá como tema o ar. Pai Joaquim ao me contar esta história disse-me que ela aconteceu entre as florestas da própria Aruanda e assim me falou:

Havia um pequeno pássaro que insistia em pedir a Deus que lhe concedesse a liberdade de poder voar para longe dos arredores da floresta. Sabia que muitos outros pássaros ganhavam alturas enormes e conseguiam percorrer longos quilômetros, indo de terras em terras tão diferentes. Nutria aquele desejo por entender que não haveria nada melhor do que a liberdade e a autonomia. Sentia-se prisioneiro ainda que sem grades.

De tanto insistir, o Supremo permitiu-lhe que a partir daquele momento ele pudesse ir embora e "ganhasse o mundo"!

Alegre com o presente divino, não hesitou um minuto mais sequer e alçou voo.

Animado com a conquista, não percebeu que a floreta ia ficando cada vez mais distante. Suas asas abertas encontravam a direção a ser tomada ao sabor do vento e lá se ia o pequeno.

As horas passavam, a paisagem mudava como também começou a mudar o tempo. Rajadas mais fortes de vento começavam a soprar e o controle da rota ficava cada vez mais difícil. Nunca tinha passado por aquela experiência e não sabia com fazer. O esforço por se manter voando fez com que o cansaço se vencesse e, forçadamente, teve que retornar ao chão e buscar abrigo.

Não sabia onde estava e muito menos o que lhe esperava. Foi uma noite de tormenta e medo que lhe custaram o descanso da noite.

Ao raiar do dia, ainda sem muito poder voar pois o tempo permanecia instável, juntou forças ("nem sabia ele de onde") e, ansioso, retornou a "sua" floresta.

Finalmente chegou. Uma alegria tão intensa tomou conta do passarinho que adormeceu. Naquele estado de sonolência, começou a ouvir a "voz do ensinamento" que ecoa em Aruanda.

"Pequeno ser, amado de Olorum, sua ansiedade conseguiu ultrapassar a sua prudência. O conhecimento só pode vir quando a segunda supera a primeira. Você pensou que seu viver era um aprisionamento, mas se esqueceu de medir tudo o que estaria envolvido no que chamava de liberdade.

Como "ganhar" os céus esquecendo-se de que as intempéries e os imprevistos devem ser cogitados? A tão sonhada liberdade não está na desregrada forma de ir, como também, o cárcere não se limita a um entorno. Quantos se aprisionam nas andanças e quantos ainda se libertam no ambiente cerceado?

Nos céus, com a permissão do Criador, a ventarola de nossa Mãe Iansã é que gera o movimento do mundo. Sua dança nos traz dias de brisa, mas outros de ventanias também. Não contou com isso porque até então era poupado das agruras.

Eis a beleza do universo, onde não só de vento favorável se constrói o aprendizado. Agora, vivendo e sentindo "na pele", conseguiu perceber que a maior liberdade que se pode ter não é a de sair por aí porque outros vão. A verdadeira liberdade está, inclusive, na escolha de poder permanecer. Livre não é quem voa mais alto ou mais longe achando que "estar fora" é o assenhoramento da própria vida. Livre aquele que, mesmo permanecendo, sabe e reconhece o valor das escolhas."

Uma refrescante aragem, que trazia consigo o agradável cheiro de floresta, tocava as penas do passarinho fazendo-o despertar daquele sonho inesquecível que lhe calara tão fundo na alma que daquele dia em diante sentia-se a mais abençoadas criaturas por ter abrigo, alimento e o arbítrio de ficar.

# CAPÍTULO 4

# SÓ UMA FAGULHA

Cabe-nos agora entrar em contato com o quarto elemento do mundo visível: o fogo. Neste instante, é inevitável nos lembramos dos lindos versos atribuídos a um grande nome da humanidade que ao louvar a Deus em todas as suas criaturas assim se referiu:

*Louvado sejas, meu Senhor,*
*Pelo irmão Fogo*
*Pelo qual iluminas a noite*

*E ele é belo e jucundo*
*E vigoroso e forte.*[15]

O fogo que forja, abrasa e aquece também pode destruir e queimar. Que Pai Xangô nos coloque nas mãos a sabedoria de poder usar com correção o fogo que, rasgando a escuridão, nos indica o caminho.

Era dia de aprender na sutiliza dos conceitos. No plano etéreo, o espírito mais velho (não na contagem do tempo, mas na vivência das experiências) tinha por incumbência mostrar ao recém-chegado na espiritualidade como lidar com as limitações humanas, sem julgamentos ou críticas.

Assim falou o tutor do jovem aprendiz:

– A fé é um dos pilares mais importantes para os homens. É ela que dá sustento à história da

---

15. Os versos desta oração – Cântico das Criaturas – são atribuídos a Francisco de Assis. Há registros que ele teria começado a escrever o texto dois anos antes de sua morte, mas que os versos referentes à "irmã morte" foram compostos muito próximo de seu desencarne em 1226.

humanidade e a auxilia no processo da evolução. Daqui, de onde nos encontramos, podemos verificar o grau de fé de cada homem pela intensidade da chama que se acende acima de suas cabeças. Vejamos na prática o que estou lhe dizendo.

E assim, dirigiram seus olhares para o planeta Terra e começaram a seguir um homem que caminhava pela rua.

Prosseguiram, então, a conversa/ensinamento:

– Vê aquele senhor que ali vai?

– Sim, sim. O que tem ele?

– Concentre-se o máximo que puder. Fixe sua atenção nele e deixando que sua mente se mantenha firme, comece a visualizar a chama da qual lhe falei.

Dessa forma fez a novata alma que iniciava seus estudos para ajudar à humanidade. Aos poucos, e ainda com um pouco de dificuldade em se manter atento, foi percebendo a luz que se acendia no campo magnético daquele terráqueo.

– Mas é uma chama tão pequenina, uma fagulha, na verdade. Ele é um homem de pouca fé?

– Calma, ainda é tudo muito novo para você e lembre-se do que lhe falei: "aprenda a não fazer julgamentos". Temos longo caminho para percorrer.

Durante aquele tempo em que estiveram a observar os seres encarnados, o neófito começava a notar que a intensidade das chamas dos homens que iam e vinham pela Terra era, mais ou menos, sempre a mesma. Aos seus "olhos" eram pequenas. Intrigado com o que ia percebendo – e tirando suas conclusões –, o pupilo interrompeu aquele silêncio e se pronunciou:

– Senhor, estou vendo que a grande maioria dos homens tem as suas chamas de fogo do mesmo tamanho. São tão pequenas. Por quê? Quando estamos encarnados não conseguimos ampliar a nossa fé? Não encontraremos algum deles que carregue consigo uma chama maior, capaz de se destacar dos demais?

– Meu nobre irmão, eis que chegou o momento de avançarmos no seu aprendizado. Venha comigo e continue a observar.

Como na espiritualidade os conceitos de tempo e espaço são completamente diferentes dos da vida terrena, professor e aluno se viram diante de outra cena. Como em uma espécie de sonho, o "menino" começava a perceber que seu campo de visão não estava mais direcionado para o planeta. Estavam agora em um amplo espaço verdejante, rodeado de brumas que não afetavam a nitidez da paisagem.

Pouca a pouco, iam adentrando naquele espaço alguns homens e mulheres que se colocavam de forma organizada ao redor de uma espécie de pia que parecia ser de mármore.

– Agora preste muita atenção nos que se reúnem ali. Mantenha o seu foco naquela mesma chama que lhe falei desde o começo.

Obedecendo o seu instrutor, o aprendiz colocava todo o seu poder de concentração na tentativa de prosseguir "vendo" o fogo acesso sobre a cabeça dos homens. Tudo permanecia igual. O ainda novato caminhante da espiritualidade não entendia, então, o que tudo aquilo queria lhe ensinar. Fosse na observação da realidade material da Terra, fosse naquela condição onírica, as chamas eram iguais e do mesmo tamanho.

Não fugia ao experiente amigo que o seu tutelado estava atônito diante da constatação de que nada mudou. Por esta razão, interveio:

– Parece-me que seu espanto ao comprovar que os homens não apresentariam uma maior intensidade nas chamas da fé lhe traz um pouco de decepção. Porém, como lhe disse, desde o princípio, aprenda a não julgar. Busque sempre olhar o lado bom das coisas do mundo, antes de formar um conceito ou uma crítica. Nós, aqui no plano que nos encontramos, devemos engrandecer o que os homens trazem de melhor para somente depois buscar entender as falhas ou limites que os impedem de crescer.

– Como assim? Indagou o ávido moço.

– Vou lhe explicar. Pedi que observasse a fé de cada homem pela chama acesa no alto de suas cabeças, não foi? E você, cumprindo com a minha determinação se fixou na percepção de cada luz que estava representada sobre eles. Será que conseguiu entender que buscando a fé dos homens, você buscou vê-la, por menor que fosse em tamanho? Eis o que lhe disse sobre buscar o melhor. Ainda que se espantasse com a "pequenez" da chama, você notou que havia chama. Em outras palavras, você buscava perceber a fé de cada homem.

Depois disso, trouxemo-lo até essa nova cena e reunimos cada um daqueles que observamos isoladamente. O que fizemos aqui foi agrupar em um mesmo espaço um a um dos portadores das pequenas chamas. E o que temos agora? Observe.

Como em um passe de mágica, a luz de cada homem começa a se mover e acima da pia de mármore vão se juntando e até formarem uma grande e clara fogueira.

– Desta lição, o que você pode depreender? Arguiu o mestre.

– Primeiramente, aprendi que todo homem possui sempre algo de bom e que é a partir disto que devemos iniciar nosso trabalho de auxílio. É o ponto inicial ao qual temos que nos ater para ajudar. Outra importante conclusão a que chego é a de que cada chama de fé, unida em uma mesma direção, como na reunião que vimos ao redor da pia de mármore, transforma-se em uma grande luz. Assim são as congregações, igrejas, templos e casas de oração, que imbuídos do sério propósito de ampliar a fé, fazem com que os homens aprendam a colaborar uns com os outros no desenvolvimento pessoal e no caminho da evolução.

– Alegro-me diante de suas palavras e agradeço ao Pai Supremo que nossa jornada de hoje não foi em vão. Você deu o primeiro passo nesta nova etapa de sua "vida", que foi entender o que lhe foi mostrado. A continuação da trajetória está em suas mãos e os passos seguintes são fundamentais. Perceber foi o começo, e o que me cabia ensinar a você, mas, falta-lhe, ainda, colocar em prática. Conte comigo sempre que precisar, cumpra a sua missão e que em cada nova oportunidade de serviço de auxílio espiritual você "afaste" a escuridão do coração dos homens. Lembre-se: somos luz e para a luz devemos conduzir a todos os que do Senhor da Vida um dia emergiram.

# EPÍLOGO

Gostaria de terminar este livro com duas pequenas digressões a respeito da relação autor-texto-leitor.

Segundo Roland Barthes (1915-1980), há dois tipos de textos: os de prazer e os de fruição. Particularmente, meu objetivo ao trazer a público o tema sobre Aruanda era o de mesclar, no mesmo espaço, os dois regimes de leitura apresentados pelo filósofo francês. Sem lugar a dúvidas, a alegria que vai na alma por poder caminhar pelo universo mágico da Umbanda e de seus mistérios (sem mistificações) e a inquietação provocada pelos conceitos apresentados ratificam esta teoria barthesia no que concerne às funções de um texto.

E mais ainda, buscando ancoragem na imagem mitológica de Heráclito (535 a.C. – 475 a.C.), creio que quando um leitor chega às últimas páginas de um livro, certamente, ele não é mais o mesmo. Não só por haver travado contato com as informações das linhas que percorreu, como também por passar a conhecer (um pouquinho que seja) o autor do texto.

Dito isto, "Aruanda: a Morada dos Orixás" buscou conjugar o intento de trazer ao entendimento dos homens uma concepção divina, através de pesquisas e estudos, com a oportunidade de compartilhar lições aprendidas na convivência e na experiência com o plano espiritual.

Oportuno dizer que, reiterando as informações que perpassaram todo o texto, a todo momento, jamais houve a intenção de se polemizar qualquer assunto. Nossa colaboração, ao contrário, pretendeu (pretende) ser um ponto de apoio no ato da troca de informações e no enriquecimento do nosso conhecimento. Se, ao encerramos nosso convívio (pelo discurso escrito), este livro lhe fez pensar, levantar outros questionamentos e movimentar sua curiosidade para ampliar o tema, já nos sentimos felizes. Afinal de contas, aí reside a atribuição da leitura que desde o princípio do capítulo dissemos: Unir prazer e inquietações transforma o homem e faz progredir o mundo.

*Saravá, amada Umbanda,*
*saravá!*
*Oxalá mandou chamar*
*pr'a Aruanda, Aruandá,*
*todos que estão cá,*
*mas moram pr'a lá.*

# SOBRE O AUTOR

**Daniel Soares Filho**, *graduação* e *bacharelado* em Letras (português/espanhol), UFRJ. *Pós-graduado* em Leitura Instrumental (UERJ) e no curso para Professores de Espanhol, em Madri, Espanha. *Mestrado* em Letras Neolatinas (UFRJ) e *Doutorado* em Literatura Comparada (UFF).

Professor de línguas e literaturas espanhola e portuguesa da Universidade do Grande Rio (1999-2004) e professor na pós-graduação da Universidade Veiga de Almeida (2004-2006). Professor de Língua Espanhola e Metodologia da Pesquisa Científica, no Centro de Estudos de Pessoal, Estabelecimento de Ensino Superior do Exército Brasileiro (1990-2014). Nesta Instituição, foi autor de coleção de ensino de espanhol, na modalidade a distância, em 12 volumes, e um volume único para ensino de espanhol, na modalidade presencial para o Colégio Militar do Rio de Janeiro.

No que tange à trajetória espiritual, pertenceu de 1994 até 2013, à "Associação Espiritualista A Luz no Caminho", no Rio de Janeiro, como integrante do grupo de sensitivos da Instituição. A partir de 2013, passou a integrar o Grupo de Médiuns da Tenda Espírita São Jerônimo, na mesma cidade.

Tendo publicado já, com os recursos de A Luz no Caminho, em uma ação social entre amigos, dois livros de caráter espiritualista: *Invocação: reflexões sobre uma poderosa oração*" (ISBN 978-85-915072-0-7) e *"Histórias dos claustros"* (ISBN 978-85-915072-1-4).

# Outras publicações

## EXU TIRIRI – Queda e Ascenção, na busca de Evolução

### Hélio Doganelli Filho

Em sua sensacional trajetória pelas esferas negativas, iremos conhecer vários domínios espirituais que trabalham pela lei e pela justiça divina em densos níveis vibratórios, zelando sempre pelo equilíbrio e pela restauração de todos os seres que neles habitam. É possível compreender nas narrativas de Guardião Tiriri, que nós somos nossos próprios juízes, e, nas mais diversas e difíceis situações que por vezes nos deparamos, resta somente a nós mesmos, a compreensão de nossos erros, de nossos ódios e de nossos apegos para conseguirmos assim a restauração espiritual em busca da evolução.

Formato: 16 x 23 cm – 192 páginas

## O LIVRO DE OURO DOS ORIXÁS

### Ademir Barbosa Júnior (Dermes)

A Umbanda cultua e trabalha com Orixás. Não são "caboclos ou falangeiros" de Orixás, mas os próprios, que se manifestam de vários modos, inclusive mediunicamente por meio da incorporação. Nunca encarnaram e pertencem a um grau de adaptação aos encarnados e aos indivíduos em que incorporam, evidentemente tendo ainda de baixar seu alto padrão vibratório para tal. Ora, quando alguém migra do Candomblé para a Umbanda ou vice-versa, por exemplo, o Orixá que o assiste e/ou incorpora muda? Não e por várias razões.

Neste livro, o leitor encontrará todas as características de cada Orixá, como sua cor, sua comida, seus elementos e tudo mais que o representa, de uma forma simples e clara.

Formato: 16 x 23 cm – 192 páginas

# Outras publicações

## RITUAIS DE UMBANDA

### Evandro Mendonça

Este livro é uma junção de antigos rituais, bem simples e fáceis de fazer, e que só vem a somar àqueles médiuns ou terreiros iniciantes.

Mas, poucos sabem que esses rituais foram, são e sempre serão, regidos por uma lei que sempre se chamou, que a chamamos e sempre chamaremos Umbanda com amor e respeito.

Portanto, dentro da religião de Umbanda, ter conhecimento dessas leis, forças, rituais e etc., significa poder.

Formato: 16 x 23 cm – 192 páginas

## RITUAIS DE QUIMBANDA – LINHA DE ESQUERDA

### Evandro Mendonça

Essa obra é mais um trabalho dedicado aos que querem e buscam um pouco mais de conhecimento sobre como trabalhar com os exus e pombas-gira.

São rituais simples, mas muito eficazes, que podem ajudar muito o dia a dia de um médium e de um terreiro de Umbanda.

Espero que façam um bom uso desses rituais, e nunca esqueçam a lei do livre arbítrio, ação e reação e do merecimento de cada um. Somos livres para plantarmos o que quisermos, mas somos escravos para colhermos o que plantamos.

Formato: 16 x 23 cm – 224 páginas

# Outras publicações

## UMBANDA – DEFUMAÇÕES, BANHOS, RITUAIS, TRABALHOS E OFERENDAS

**Evandro Mendonça**

Rica em detalhes, a obra oferece ao leitor as minúcias da prática dos rituais, dos trabalhos e das oferendas que podem mudar definitivamente a vida de cada um de nós. Oferece também os segredos da defumação, assim como os da prática de banhos. Uma obra fundamental para o umbandista e para qualquer leitor que se interesse pelo universo do sagrado. Um livro necessário e essencialmente sério, escrito com fé, amor e dedicação.

## PRETO-VELHO E SEUS ENCANTOS

**Evandro Mendonça inspirado pelo Africano São Cipriano**

Os Pretos-Velhos têm origens africana, ou seja: nos negros escravos contrabandeados para o Brasil, que são hoje espíritos que compõe as linhas africanas e linhas das almas na Umbanda.

São almas desencarnadas de negros que foram trazidos para o Brasil como escravos, e batizados na igreja católica com um nome brasileiro. Hoje incorporam nos seus médiuns com a intenção de ajudar as almas das pessoas ainda encarnadas na terra.

A obra aqui apresentada oferece ao leitor preces, benzimentos e simpatias que oferecidas aos Pretos-Velhos sempre darão um resultado positivo e satisfatório.

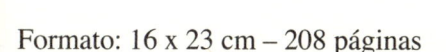

Formato: 16 x 23 cm – 208 páginas

Formato: 16 x 23 cm – 176 páginas

# Outras publicações

## UMBANDA ASTROLÓGICA – OS SENHORES DO DESTINO E A COROA ASTROLÓGICA DE ORUMILÁ

### Carlinhos Lima

Este livro trata-se de uma visão do horóscopo zodiacal sobre o prisma da Umbanda, da mesma forma que é uma visão do orixá por meio do saber astrológico. Mas, além dessa interação Umbanda-Astrologia, o livro também foca e revela outros oráculos, especialmente os mais sagrados para os cultos afrobrasileiros que são o Ifá e Búzios. Nesse contexto oracular, trazemos capítulos que falam de duas técnicas inéditas de como adentrar o mundo dos odus, utilizando o zodíaco: a primeira é a Ifástrologia que utiliza-se das casas astrológicas do Horóscopo para alinhar os odus e chegarmos a odus que são responsáveis por nossa existência. E a outra é a soma dos odus utilizando a data de nascimento.

Formato: 16 x 23 cm – 256 páginas

## AS CLAVÍCULAS DE SALOMÃO – AS SAGRADAS MAGIAS CERIMONIAIS DO REI

### Carlinhos Lima

Fonte primordial, celeiro da Magia Cabalística e origem de muitas das magias cerimoniais dos tempos medievais, as *Clavículas* sempre foram estimadas e valorizadas pelos escritores ocultistas, como uma obra da maior autoridade; e notáveis ocultistas mais próximos de nosso tempo, como o grande Eliphas Levi, Aleister Crowley e outros, tomaram como modelo para seus celebrados trabalhos. Um bom exemplo é a excepcional obra *"Dogmas e Rituais da Alta Magia"* de Eliphas Levi, que se baseou profundamente nas Clavículas.

Na verdade, o buscador vai perceber facilmente que não só Levi se baseou nas *Clavículas de Salomão*, mas, foram muitos os que o tomaram como seu livro de estudo.

Formato: 16 x 23 cm – 288 páginas

## ARSENAL DE UMBANDA

### Evandro Mendonça

O livro "Arsenal da Umbanda" e outros livros inspirados pelo médium Evandro Mendonça e seus mentores, visa resgatar a Umbanda no seu princípio básico, que é ligar o homem aos planos superiores. Atos saudáveis como o de acender uma vela ao santo de sua devoção, tomar um banho de descarga, levar um patuá para um Preto--Velho, benzer-se, estão sendo esquecidos nos dias de hoje, pois enquanto uns querem ensinar assuntos complexos, outros só querem saber de festas e notoriedade.

Umbanda é sabedoria, religião, ciência, luz emanada do alto, amor incondicional, crença na Divindade Maior. Umbanda é a própria vida.

## ORIXÁS – SEGURANÇAS, DEFESAS E FIRMEZAS

### Evandro Mendonça

Caro leitor, esta é mais uma obra que tem apenas o humilde intuito de somar a nossa Religião Africana. Espero com ela poder compartilhar com meus irmãos e simpatizantes africanistas um pouco mais daquilo que vi, aprendi e escutei dos mais antigos Babalorixás, Yalorixás e Babalaôs, principalmente do meu Babalorixá Miguel da Oyá Bomí. São ensinamentos simples, antigos, porém repletos de fundamento e eficácia na Religião Africana; alguns até mesmo já esquecidos e não mais praticados nos terreiros devido ao modernismo dos novos Babalorixás e Yalorixás e suas vontades de mostrar luxúrias, coisas bonitas e fartas para impressionar os olhos alheios.

Formato: 16 x 23 cm – 208 páginas

Formato: 16 x 23 cm – 192 páginas

# Outras publicações

## NOVOS PONTOS CANTADOS DE UMBANDA – O Fundamento Cognitivo da Religião

### Karol Souza Barbosa

Este livro disponibiliza novos pontos cantados de Umbanda, ordenados como pontos de raiz, provindos da espiritualidade (psicografia), e pontos terrenos, escritos pela autora (pautados nos fundamentos religiosos e que auxiliem a conexão vibratória necessária com as Potências Espirituais).

Formato: 16 x 23 cm – 144 páginas

## TARÔ DOS GUARDIÕES – Os Arcanos Menores

### Karol Souza Barbosa

O Tarô dos Guardiões é o resultado de profundos estudos e busca desmistificar a irradiação de Exus e Pombogiras dentro da religião de Umbanda. Tem sua leitura baseada na atuação (ponto de força), classificação (falange) e hierarquia (irradiação do Orixá) destes Agentes de Luz em comunhão com conhecimentos sacerdotais milenares descritos simbolicamente pelos 56 Arcanos Menores, para que mediante eles, possamos obter mais conhecimento sobre nossa jornada terrena.

Este tarô foi desenvolvido com carinho e seriedade e não desmerece outros baralhos/tarôs conhecidos no meio oracular, mas expõe a riqueza de métodos divinatórios. Que nossa caminhada seja de compreensão e aprendizagem mútua.

Acompanha um baralho com 56 cartas coloridas, dos Arcanos Menores.
Formato: 14 x 21 cm – 128 páginas

## TARÔ DE MARSELHA – MANUAL PRÁTICO

**Ademir Barbosa Júnior (Dermes)**

O Tarô consiste num oráculo, num instrumento de autoconhecimento, de observação e apreensão da realidade, consultado por meio de cartas.

Como as cartas (ou lâminas, numa terminologia mais técnica), nas mais diversas representações no tempo e no espaço, tratam de arquétipos universais – e o objetivo deste livro não é estabelecer a história do Tarô, o que diversos bons autores já fizeram –, todas as atenções se concentrarão no tipo de baralho estudado: o Tarô de Marselha.

Acompanha um baralho com 22 cartas coloridas, dos Arcanos Maiores.

Formato: 14 x 21 cm – 160 páginas

## TARÔ DOS ORIXÁS

**Ademir Barbosa Júnior (Dermes)**

O Tarô dos Orixás é um oráculo baseado na riquíssima espiritualidade de Orixás, Guias, Guardiões e da Ancestralidade Individualizada (Babá Egun). Idealizado pelo autor, apresenta a sabedoria, os ensinamentos e as lições para cada setor da vida (saúde, amor, finanças etc.) em leituras breves ou mais aprofundadas.

Sempre respeitando o livre-arbítrio, o Tarô dos Orixás é um instrumento seguro de autoconhecimento ou de atendimento e orientação a indivíduos e/ou grupos em busca de experiências centradas e equilibradas, nas quais as luzes e sombras de cada um e do conjunto sejam reconhecidas, respeitadas e integradas.

Com 22 cartas ricamente ilustradas por Miro Souza, o Tarô dos Orixás, mais que um oráculo, é uma fonte de movimentação de Axé para todos os que dele se utilizam.

Formato: 14 x 21 cm – 160 páginas

# Outras publicações

## EXU E SEUS ASSENTAMENTOS

*Evandro Mendonça inspirado pelo Senhor Exu Marabô*

Todos nós temos o nosso Exu individual. É ele quem executa as tarefas do nosso Orixá, abrindo e fechando tudo. É uma energia vital que não morre nunca, e ao ser potencializado aqui na Terra com assentamentos (ponto de força), passa a dirigir todos os caminhos de cada um de nós, procurando sempre destrancar e abrir o que estive fechado ou trancado.

Formato: 16 x 23 cm – 176 páginas

## POMBA-GIRA E SEUS ASSENTAMENTOS

*Evandro Mendonça inspirado pela Senhora Pomba-Gira Maria Padilha*

Pomba-Gira é uma energia poderosa e fortíssima. Atua em tudo e em todos, dia e noite. E as suas sete ponteiras colocadas no assentamento com as pontas para cima representam os sete caminhos da mulher. Juntas às outras ferramentas, ervas, sangue, se potencializam tornando os caminhos mais seguros de êxitos. Hoje é uma das entidades mais cultuadas dentro da religião de Umbanda. Vive na Terra, no meio das mulheres. Tanto que os pedidos e as oferendas das mulheres direcionadas à Pomba-Gira têm um retorno muito rápido, na maioria das vezes com sucesso absoluto.

Formato: 16 x 23 cm – 176 páginas

## EXU, POMBA-GIRA E SEUS AXÉS

*Evandro Mendonça inspirado pelo Sr. Exu Marabô e pela Sra. Pomba-Gira Maria Padilha*

A obra apresenta as liberações dos axés de Exus e de Pombas-Giras de modo surpreendente, condensado e extremamente útil. É um trabalho direcionado a qualquer pessoa que se interesse pelo universo apresentado, no entanto, é de extrema importância àquelas pessoas que tenham interesse em evoluir em suas residências, em seus terreiros, nas suas vidas.

E o que são esses axés? "Axé" é força, luz, poder espiritual, (tudo o que está relacionado com a sagrada religião), objetos, pontos cantados e riscados, limpezas espirituais etc. São os poderes ligados às Entidades.

Formato: 16 x 23 cm – 176 páginas

## A MAGIA DE SÃO COSME E SÃO DAMIÃO

*Evandro Mendonça*

Algumas lendas, histórias e relatos contam que São Cosme e São Damião passavam dias e noites dedicados a cura tanto de pessoas como animais sem nada cobrar, por esse motivo foram sincretizados como "santos dos pobres" e também considerados padroeiros dos médicos.

Não esquecendo também seu irmão mais novo chamado Doúm, que junto fez parte de todas as suas trajetórias.

A obra oferece ao leitor algumas preces, simpatias, crenças, banhos e muitas outras curiosidades de São Cosme e São Damião.

Formato: 14 x 21 cm – 136 páginas